KB248703

내 멋대로 살고 싶다

내 멋대로 살고 싶다

김오회 박사와 함께 하는 창조적 사고

내멋대로 살고 싶다

김오회 지음

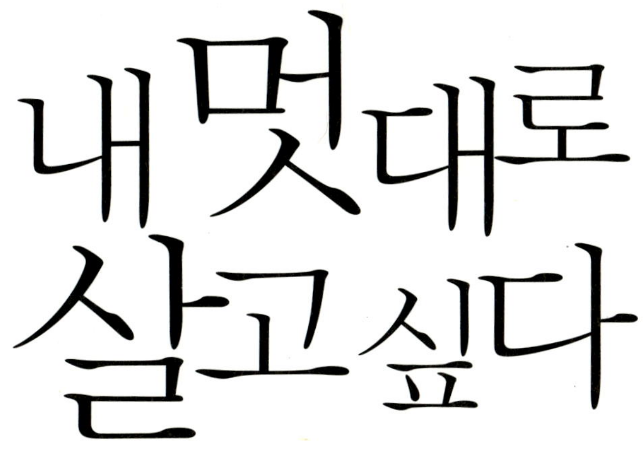

매일경제신문사

머리말

인간은 한평생을 살아가면서 셀 수 없이 많은 문제에 부딪치게 된다.

가령 어려서는 교육 문제와 친구 문제, 커서는 직장 문제와 가정 문제, 그리고 은퇴 후에는 노후 문제가 있다.

이런 여러 가지 문제들을 얼마나 지혜롭게 헤쳐 나가느냐에 인생의 성패가 달려 있다 해도 과언이 아닐 것이다.

그래서 세상에는 동서고금을 막론하고 수없이 많은 문제 해결
법들이 나와 있다.

그 예를 들어보자면,

'소통하라'
'객관적으로 보라'
'양보하라'
'인내하라'
'역지사지 하라'
'마음을 비워라'
'창조적 사고를 가져라'

등등 예외 없이 '어느 무엇을 하라'는 패턴으로 되어 있다.

우리는 이런 종류의 해결법을 한두 번 쯤은 접해봤을 것이다.
경우에 따라서는 수도 없이 반복해서 익히기도 했었을 것이다.
하지만 이상에 언급한 문제를 속시원히 해결한 사람이 과연 몇이나
있을까?

어느 누구도 문제의 굴레에서 자유로울 수 없고 이것은 생을 마칠
때까지 지속될 것이다.

도대체 왜 문제란 것은 제대로 해결되지 않고 마치 그네를 탄 것처럼 제자리에서 맴도는 것일까?

필자는 지난 40여 년간,

'무엇이 창조적 생활을 가능하게 하는가'

라는 화두로 오랫동안 씨름해 왔다.

그리고 학생들을 지도하거나 여러 계층의 청중들을 대상으로 워크숍을 진행하면서 나름대로 명료한 자료를 얻을 수 있었다.

이것을 토대로 문제 해결에 대한 새로운 해법을 모색하게 되었다. 문제를 문제로 보지 않고 구조를 살펴 근원적으로 접근해본 것이다.

그네 구조에서 수레 구조로, 평면사고 구조에서 입체사고 구조로 눈을 돌려 바라본 것이다.

이렇게 문제를 바라보는 관점을 바꾸자 문제는 더 이상 문제로 남아 있지 않게 되었다. 그것은 오히려 창조를 위한 훌륭한 재료로 승화되었다.

문제를 해결하는 것이 아니라 문제의 구조를 바꿔 창조의 모티브로 삼는 것, 이것이 내가 오랜 연구 끝에 터득한 화두의 결론이었다.

내가 이런 말을 하면 흔히들,
'시행착오',
'실패는 성공의 어머니'
같은 말들을 떠올리곤 한다.

하지만 내가 주장하는 문제 해결은 그런 것과는 거리가 멀다. 이것은 문제를 풀거나 성장의 동력으로 삼는 것이 아니라, 보는 시야를 바꿔 '문제 자체가 없어지게 하는 것'이기 때문이다.

타임머신이 있는 것도 아닌데, 어떻게 이미 발생한 문제를 되돌려 없애버릴 수 있다는 것인가?

단언컨대 문제란 것은 풀어서만은 전부 해결할 수 없다. 왜냐하면 문제를 푸는 도중에 또 다른 문제가 싹트기 때문이다.

따라서 문제를 해결하기 위해서는 문제 자체가 성립되지 않게 구조적으로 접근해야 한다.

이것은 마치 수학에서 필요에 따라 문제를 고차원으로 끌어 올려 해결하는 것과 일맥상통한다.

이토록 입체적인 접근 방법이다 보니 평면적인 책으로 꾸미기 에는 여러 가지 제약이 있을 수밖에 없고, 그래서 사실 출판은 생각하지 못했었다.

하지만 숱한 워크숍을 통해 이론과 실재가 부합한다는 사실을
누차 확인하게 되면서 그 내용을 좀 더 많은 독자들과 나누었으면
하는 바람이 싹텄다. 이에 용기를 얻어 자료를 정리하게 되었다.

본서는 워크숍의 텍스트로써 저술되었기에 여러 모로 함축적인
언어와 문장으로 이루어져 있다.
따라서 소설을 읽듯 속독을 해서는 결코 문맥과 골자를 전부
이해하기 어려울 것이다.
한 단어 한 구절을 천천히 음미하면서 여유롭게 정독했으면
하는 당부를 드리고 싶다.

문제가 존재하지 않는 삶.

그런 삶은 상상 속에서만 존재하는 허구가 아니다.

그것은 당신의 보는 눈만 살짝 바꾸면 기적처럼 현실에 펼쳐질 것이다.

그리고 당신의 삶을 기름지고 행복하고 빛나게 할 것이다.

이것이 바로 창조적 삶이다.

내 멋대로 하고 살아도 문제가 없는 삶, 이 책이 그런 창조적 삶을 독자 여러분들과 함께 나누는 장이 되었으면 하는 바람을 가져본다.

끝으로 본서를 집필하는 데 물심양면으로 조언을 아끼지 않으신 단예 김준걸 스승님께 지면을 빌려 깊은 감사의 말씀을 드린다. 아울러 본서의 출간을 흔쾌히 맡아준 매일경제 관계자 분들께도 고마움을 전한다.

弘山 김오회

인생에서 가장 재미있고 신바람 날 때는 언제인가?

이런 질문을 받게 되면 과거에 즐거웠던 때를 하나하나 떠올리게 되는데, 사연이야 어찌됐건 공통된 것이 하나 있다.

그것은 바로 타인의 억압을 받지 않고 내 멋대로 자유롭게 사는 것이다.

내 멋대로 살 수만 있다면 얼마나 좋을까!

내 멋대로 산다는 것은, 내가 진정으로 원하는 것을 창조하면서 재미와 보람, 감동을 느끼며 걸림 없이 사는 삶을 말한다.

멋이란 남과의 관계 속에서 자신의 가치를 마음껏 표출해 남의 시선을 끄는 에너지다.

그렇다면 '나의 멋'은 무얼까?

　나를 폼 나고 가치 있게 만들어 줄 나의 멋은 과연 어떤 것인지 다시 한 번 생각해보자.

　사람들은 흔히 상상 속에서 내 멋대로 사는 삶을 그리며 즐거워한다. 하지만 상상에서 깨어나 현실을 맞닥뜨리게 되면 상황은 크게 달라진다. 기계처럼 돌아가는 사회의 틀에 끼어 부품이 되어 살아야 하기 때문이다.

사람들은 이런 억압된 삶에서 벗어나기 위한 최선의 방법으로 가장 먼저 돈을 떠올린다. 물질만능이라는 말도 있으니 말이다.

그렇다면 돈만 있으면 내 멋대로 살 수 있을까?

여기에 대한 해답은 돈 많은 사람들의 삶을 살펴보면 금방 나온다.

돈이 많으면 여러모로 생활의 편리한 점이 있다. 하지만 돈을 마음대로 소비하는 것 외에 진정한 사람의 마음을 얻거나 조정할 수는 없다.

인생이란 좋건 싫건 평생 타인과의 관계에 의해서 이루어진다.

돈이 있다고 자기 멋대로 타인과의 관계를 바꿀 수도 없고,
불행을 행복으로 바꿀 수도 없다.

따라서 돈이란 것도 내 멋대로 살게 해주는 열쇠는 되지 못한다.

그렇다면 권력은 어떤가?
이것이라면 마음대로 뭐든지 할 수 있지 않을까?

시대를 거슬러 왕정 시대라면 어느 정도 가능할 수도 있을 것이다. 하지만 오늘날에 자신에게 주어진 권한 이상을 휘두른다면 곧바로 혹독한 저항에 부딪치게 될 것이다.

돈이나 권력도 이렇다면 내 멋대로 살 수 있는 길은 무인도나 혹은 상상 속에서만 가능한 것인가?

더군다나 생존을 위해 모든 시간을 쏟아야만 하는 보통 사람들에게는 더더욱 요원하게만 느껴질 것이다.

사실 가진 재산도 많지 않고 하루하루 삶에 쫓기는 사람들에게 '내 멋'이란 사치 그 이상도 이하도 아닐 것이다.

따라서 내 멋대로 사는 것하고 지금 당면한 문제와는 하등의 관계가 없는 것처럼 보일 것이다.

정말 그럴까?

이것이 현실과 동떨어진 이야기라면 일찌감치 포기하고 사회의 규범과 제도에 맞춰 튀지 않게 사는 것이 현명할 것이다.

정말 이쯤에서 포기하고 싶은가? 다시 한 번 가슴에 손을 얹고 진지하게 생각해보자.

당신은 정녕 내 멋대로 살고 싶은가?

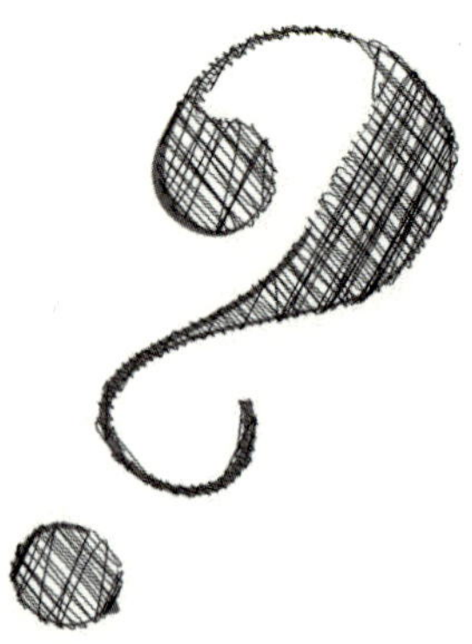

이 책은
독자와 함께 생각을 나누며
써내려 가는 책입니다.
천천히 여유롭게,
생각하고 또 생각하며,
에너지의 흐름을 충분히 느끼면서,
마치 잔잔한 음악을 듣는 느낌으로,
마음 속에 담으며
읽어주시기 바랍니다.

목차

1.

탐욕과 일탈을
즐겨라

내 멋대로 살기 위해서는 두 가지 근원적 에너지가 원활하게 흘러야
한다. 그것은 바로 탐욕과 일탈이다.
이 둘을 가둬 놓고서는 내 멋대로 사는 맛이 나지 않는다.

탐욕이란 어느 무엇을 자신의 소유로 확정하려는 마음이다.
여기에는 크게 세 가지가 있는데,
  첫째, 남들을 지배하려는 권욕(權慾),
  둘째, 돈을 많이 벌려는 물욕(物慾),
  셋째, 끊임없이 멋진 이성을 찾는 색욕(色慾)이 그것이다.

일탈이란 자신의 현 위치에서 벗어나 자유롭게 색다른 경험을 하고픈 욕망이다.

탐욕과 일탈은 동서고금을 막론하고 모든 죄악의 근원으로 여겨져 왔다. 그래서 모든 교육은 이것을 물리치는 방향으로 일관되게 이루어져 온 것이다.

그렇다면 정말로 탐욕과 일탈을 멀리해야만 마땅할까?

내 멋대로 살지 않고 사회의 규범대로 살려면 적당히 조절해야 한다. 그래야만 사회가 만들어 놓은 틀에 잘 맞는 부품이 될 수 있다. 이것은 모든 인간이 예외 없이 살아가는 방식이기도 하다.

그래서 정도의 차이는 있지만 인간은 예외 없이 일탈을 꿈꾼다. 기계처럼 각박하게 돌아가는 사회 제도의 틀에서 벗어나 자유를 만끽하고 싶은 것이다. 아울러 부품의 존재를 잊기 위해 노여워하고 전체가 되고 싶은 욕망에 탐심을 불러일으킨다.

이런 점을 보면 인류의 역사를 탐욕·일탈과의 전쟁으로 규정할 수도 있을 것이다. 수천 년 동안 이 두 가지를 억제하기 위해 줄기차게 노력해 오지 않았는가.

하지만 아쉽게도 그 결과는 참담하다. 과거에 비해 조금도 진전된 성과가 없으니 말이다.

우리는 여기서 잠깐 인간의 욕망에 대해 살펴볼 필요가 있다.

인간은 왜 탐욕과 일탈을 없앨 수 없는 것인가?

없앨 수 없다는 것은 이 두 가지 속성이 인간의 본성과 깊은 연관을 맺고 있기 때문이 아닐까.

인간은 누구나 제 멋대로 살고 싶어 한다. 그러기 위해서는 탐욕과 일탈을 원료로 삼아 불살라야 한다. 이 둘이 없는 제 멋대로의 삶은 김빠진 맥주요, 팥소 없는 찐빵일 것이다.
그렇기에 온갖 교육적 수단과 제도를 동원해 없애려 해도 탐욕과 일탈의 싹은 세월에 상관없이 언제나 다시금 돋아난다.

그렇다면 어떻게 처세하는 것이 현명할까?

탐욕과 일탈을 없앨 수 없다면 그냥 있는 그대로 놔두면 어떨까. 거추장스러운 훈계와 교육, 제도 따위들을 다 무시하고 자신이 지닌 본성을 인정하는 것이다.

그리고 기왕 놔둘 바에는 활활 더 타오르도록 부채질을 해보는 것도 괜찮을 것이다. 탐욕의 불길을 타고 나의 영역을 끝없이 넓히고, 그 사이사이 일탈도 함으로써 새로운 세상에서의 자유를 만끽해보는 것이다.
이렇게 내 멋대로 산다면 이보다 더 즐겁고 신바람 나는 일이 어디 있으랴!

과연 이것이 실현 가능한 일일까?

2.

내 삶의 걸림돌을
찾아라

앞서 탐욕과 일탈을 마음대로 하면서 사는 삶에 대해 언급했다.

　하지만 현실 생활에서 그렇게 내 멋대로 살 수 없다는 것은 누구나
안다.

왜 그럴까?

　탐욕과 일탈의 구조를 풀어 보면 다음의 네 가지로 정리할 수 있다. 이것이 타인과의 걸림돌을 만들게 된다.

1. 나를 인정받고 싶어 하는 데서 오는 걸림(인정, 認定)
　- 타인의 눈을 사로잡고 싶은 마음(어떻게 하면 돋보일까?)

2. 남을 내 뜻대로 통제하려는 데서 오는 걸림(자의, 自意)
　- 내 마음대로 남을 가지고 놀고 싶은 마음(내 말을 왜 안 듣지?)

3. 내가 어떤 존재가 되어야 한다는 당위성에서 오는 걸림(위상, 位相)
　- 어떤 사람이 되어야 한다는 초조함(지금의 내 위치는 뭐지?)

4. 나의 존재를 합리화·정당화하려는 데서 오는 걸림(의미, 意味)
　- 내가 하는 일이 의미가 있는지에 대한 반문 (내가 잘 하고 있나?)

이상의 네 가지 걸림을 문제로 보고 그것을 해결하려는 욕구를 가리켜 성취욕이라 한다. 사실 대부분의 사람들은 성취욕에 의해 사는 맛을 느끼며 살아가고 있다.

그런데 당신이 내 멋대로 살고 싶어도 안 되는 이유가 바로 이상의 네 가지 패턴에 걸리기 때문이다. 이것을 간단하게 **사애(四碍)**라고 한다.

당신이 주변과 마찰을 일으켜 갈등과 고통을 경험한다면, 그 사연이 어찌 되었건, 구조를 살펴 보면 이 네 가지 장애물, 즉 사애에 부딪친 것이다.

흔히 인생은 '고해'라는 말을 한다. 그만큼 우리네 인생살이라는 것은 고통으로 뒤덮여 있다는 말이다. 물론 행복하다고 여기는 사람들도 많겠지만 그 이면에 드리운 고통들 또한 무시할 수 없는 것이 현실이다.

고통이란 문제에서 나오고, 문제란 바로 이상에 열거한 네 가지 걸림돌인 사애에 뿌리를 두고 있다. 이것은 우리가 흔히 접하는 수학적·공학적 문제와는 다르다. 따라서 사애로부터 자유로워지는 것이 문제에서 벗어나고 고통을 넘어설 수 있는 길인 것이다.

사애로부터의 탈출!

　여기엔 남·녀, 노·소, 속인·성인의 구분 따위는 존재하지 않는다.
마음이 허공처럼 되어 분별이 끊어진 사람이 아니면 누구나 사애의
속박으로부터 자유로울 수가 없는 까닭이다.

　그럼 구체적으로 사애의 걸림을 살펴보자.

　먼저 권욕을 예로 들어보자.
　권력을 얻고자 하는 욕구 속엔 심리적으로 자신을 인정받고
싶어 하는 마음이 깔려 있다.

내가 원하는 대로 남이 나를 인정해주지 않기 때문에 속이 상하게 된다. (1번 걸림)

그래서 남을 내 마음대로 통제하려 하고, (2번 걸림)

자신은 당연히 어떤 존재가 되어야 한다고 굳게 믿게 된다. (3번 걸림)

또한 자신의 현재 위치에 대해서 끊임없이 합리화 하면서 욕구를 추구하게 된다. (4번 걸림)

결과적으로 권욕을 만족시키기 위해서는 위의 네 가지 걸림돌인 사애에 걸리게 된다.

마찬가지로 물욕이나 색욕도 이런 식으로 사애에 걸리게 된다.

따라서 문제에서 벗어나 내 멋대로 살기 위한 관건은 이상의 사애에 걸리지 않는 방법을 찾는 것이다.

또한 이것은 당신이 고통으로 여겨오던 것들에서 자유로워질 수 있는 길이기도 하다.

그런 방법이 과연 존재할까?

3.

걸림돌을
문제로 보지 마라

앞에서 네 가지 문제가 주어졌다. 그것은 걸림돌의 문제다.

그런데 우리가 평소 생활에서 접하는 일반적 문제라는 것은 모두 앞서 언급한 네 가지 걸림돌, 즉 사애에 뿌리를 두고 있다.

따라서 모든 문제는 곧 사애의 문제라고도 볼 수 있다.

그런데 문제라는 것은 풀라고 있는 것이 아니랴.

그럼 이제 네 가지 문제를 해결할 방법을 생각해보자.

충분히 생각해봤는가?

그런데 문제 해결에 대한 모색은 대체로 비슷한 유형을 지니고 있다.

잠시 그 예를 들어보면,

그 애가 말을 안 들어? 그렇다면 더 콘트롤해서 저항을 못하도록 확실하게 제압해야 겠다.

직장 상사가 나를 인정 안 해준다고? 그렇다면 더 열심히 일해서 나를 인정하도록 만들어야 겠다.

취직이 어렵다고?
그럼 어쩔 수 없이 스펙을 더 많이 쌓아야지.

그 애가 나를 무시해? 지금은 나를 인정해주지 않더라도 결국에는 나를 알아주게 될 것이야.

이상 네 가지 예를 들어봤다.

이것은 문제를 당면해서 **'더욱 ~해서 해결한다'**는 적극적 구조와 **'시간이 해결해준다'**는 소극적 구조로 되어 있다.

과연 그 효과는 어떠할까?

네 가지 문제를 줄이면 '내 안의 문제'가 된다.
더 줄이면 한 글자로 마음 심(心)이 된다.

그래서 동서고금을 막론하고 '어떤 마음가짐으로 어떻게 행동하라'는
행동규범이 쏟아져 나오게 된다.

그 효과는 과연 어떤가?

아쉽게도 수천 년이 지났건만 과거나 지금이나 크게 달라진 것이
없다.

인간의 마음을 일정한 틀에 담아 놓으려는 가르침은 수없이 많은
방법을 통해 시도되었다. 하지만 기대한 대로 결과가 나온 경우는
극히 드물다.

그래서 아직도 마음, 마음…. 되풀이하면서 그것을 다스리는
방법에 목매고 있는 것이다.

왜 이 문제는 풀리지 않고 그네처럼 앞으로 나아가지 못하고 왔다
갔다 하고 있는 것인가?

 내 멋대로 살고 싶다

그 이유는 비교적 간단하다.

문제를 문제로 풀려 하기 때문이다. 이것은 원한을 복수로 푸는 것과 같은 맥락이다.

문제란 비유하자면 몸에 병이 든 것과 같다. 따라서 문제를 푸는 것은 병든 몸에 약을 투입하는 것이다.

병이 나으면 문제는 해결된다.

그런데 아쉽게도 문제를 풀어 또 다른 문제가 발생되지 않게 한 경우는 찾아보기 어렵다.

도대체 왜 이미 풀렸다고 생각한 문제가 다시금 되풀이되는 것일까?

그중 한 가지 이유는 처방된 약에 있다.

문제를 풀 때 사용하는 약은 두 가지 속성을 동시에 만족한다.

길고 짧은 것이 분리될 수 없듯이, 약 또한 독이라는 상반된 속성을 반드시 수반한다.

가령, 불효자에게 효도하라고 가르치면 효도뿐만 아니라 불효라는 개념도 동시에 주입된다. 또한 신하에게 충성하라고 가르치면 충성뿐만 아니라 반역의 개념도 더불어 생겨난다. 마찬가지로 낙제점을 받고 온 아이에게 더 공부하라고 언성을 높인다면 반항하는 마음도 더불어 생겨날 것이다.

‘더 하라’식의 해결은 나중에 더 하지 않을 소지를 안고 있다.

이것은 마치 들숨과 날숨을 가를 수 없는 것과 같이 양면성을 동시에 띠게 되는 까닭이다.

이런 이유로 문제를 풀려고 하면 일시적으로는 약효에 의해 문제가 풀리지만, 그 이면에 숨어 있는 독성에 의해 또 다른 문제를 야기한다.

그래서 문제가 되풀이되어 그네처럼 제자리걸음을 하게 되는 것이다.

예를 한 가지 들겠다.

오늘날 자녀를 둔 학부모들의
화두는
단연코 교육이다.

부모는 으레 자녀들의 현 위치를 문제로 본다. 공부를 잘 하던 못 하던 이구동성으로 문제라고 규정하는 것이다.

그래서 문제의 해법으로 과외를 비롯한 여러 가지 학습법을 통하여 자식의 일정을 관리한다.

　그런데 이렇게 '문제와 해결' 구조로 봐서는 결코 문제가 풀리지 않는다. 이것은 마치 튀어 오르려는 용수철을 일정한 상자에 눌러 길들이는 것과 같다.

　일시적으로 부모가 뜻한 대로 용수철이 따라줄지 모르지만 결국 용수철은 상자를 뚫고 튀어 오르게 될 것이다.

물론 학부모 입장에서는 좋은 대학에 간 뒤엔 용수철이 마음대로 튀어 올라도 괜찮다고 말한다. 하지만 일반적으로 눌려진 용수철은 좋은 성적을 내기 어렵다. 자신이 지닌 에너지와 역행해 억지로 공부에 임했기 때문이다.

학생들의 하루 일과를 보면, 새벽같이 일어나서 등교하고 학업이 끝나는 대로 학원으로 가서 적어도 밤 10시는 넘어야 집에 돌아온다.
이렇게 대부분의 학생들이 밤잠을 설쳐 가면서 공부에 임하지만 성적을 내는 학생은 극소수에 불과하다.

사실 성적이 쭉쭉 오르는 학생은 용수철 스스로가 상자 속의 눌려진 상태를 원했기 때문이다. 용수철이 훗날 더 높이 튀어오르기 위해서 자발적으로 선택한 것이다.

그리고 오랫동안 상자 속에 갇혀 있다가 늦게 튀어 오른 용수철은 그만큼 남보다 여러 면에서 뒤처질 확률이 높다.

왜냐? 작금의 세상은 사회의 다원화와 수명 연장으로 인해 일생에 직업을 여러 번 바꿔야 하는 장거리 구조로 되어 있다. 따라서 용수철의 특성을 늦게 되찾은 학생일수록 장거리 경주에서는 불리하게 된다.

정리하면, 문제로 규정하고 해법을 찾는 방식은 문제를 근원적으로 해결할 수 없다. 그래서 대부분의 학부모들은 다람쥐 쳇바퀴 돌듯 자녀와의 성과 없는 전쟁을 치르고 있는 것이다.

그렇다면 문제를 어떻게 해야 되는가?

문제를 해결해야만 걸림돌을 제거해 내 생각대로 할 수 있지 않겠는가!

그냥 놔둔다고 해결되는 것도 아닐 테고, 그렇다고 해결을 하자니 독성까지 함께 스며들어 또 다른 문제의 씨알이 된다.

다시 한 번 네 가지 걸림돌 문제의 해결 방안을 떠올려보자.

1. 나를 인정받고 싶은 데서 오는 걸림

2. 남을 내 뜻대로 통제하려는 데서 오는 걸림

3. 내가 어떤 존재가 되어야 한다는 당위성에서 오는 걸림

4. 나의 존재를 합리화·정당화하려는 데서 오는 걸림

정상적인 사람이라면 이상의 네 가지 걸림돌 문제를 풀 수 없다.

왜냐하면 이 문제를 풀려면 자신의 존재를 근본적으로 부정해야 하기 때문이다.

네 가지 걸림돌이 똘똘 뭉쳐 자신의 의식을 구성하고 있는데, 이것과 거리를 두라는 것은 자기 자신을 부정하는 꼴이 되고 마는 것이다.

어느 누가 남에게 돋보이고자 하는 마음도 없이 매일매일 살아갈 수 있으며, 또한 남을 조정하지 않고 어떻게 조직 생활을 할 수 있겠는가!

용기를 내어 자신의 의식을 냉정하게 바라보고 걸림돌을 제거하려 하면 가능할까?

안타깝게도 이렇게 한다 해도 문제를 풀기란 요원하다.

왜 문제를 풀 수 없다는 것일까?

그것은 나의 주도권을 이미 외부의 정보에 빼앗겼기 때문이다. 다시 말해 정보의 홍수에 파묻혀 부지불식중 외부의 시선에 민감하게 반응하기 때문이다. 그래서 마치 바람에만 의존하는 돛단배처럼 표류하고 있는 것이다.

이런 상태에서는 네 가지 문제를 풀 수 있는 방법은 어디에도 없다.

가령 남이 나를 인정하는 것에 목을 매고 있다면 나는 하루에도
수없이 많은 좌절과 기쁨을 경험하게 될 것이다.

그렇다면 어떻게 해야 문제를 근원적으로 풀 수 있을까?

다시 말해 네 가지 걸림돌의 문제를 푼다는 것이
도대체 무슨 뜻인가?

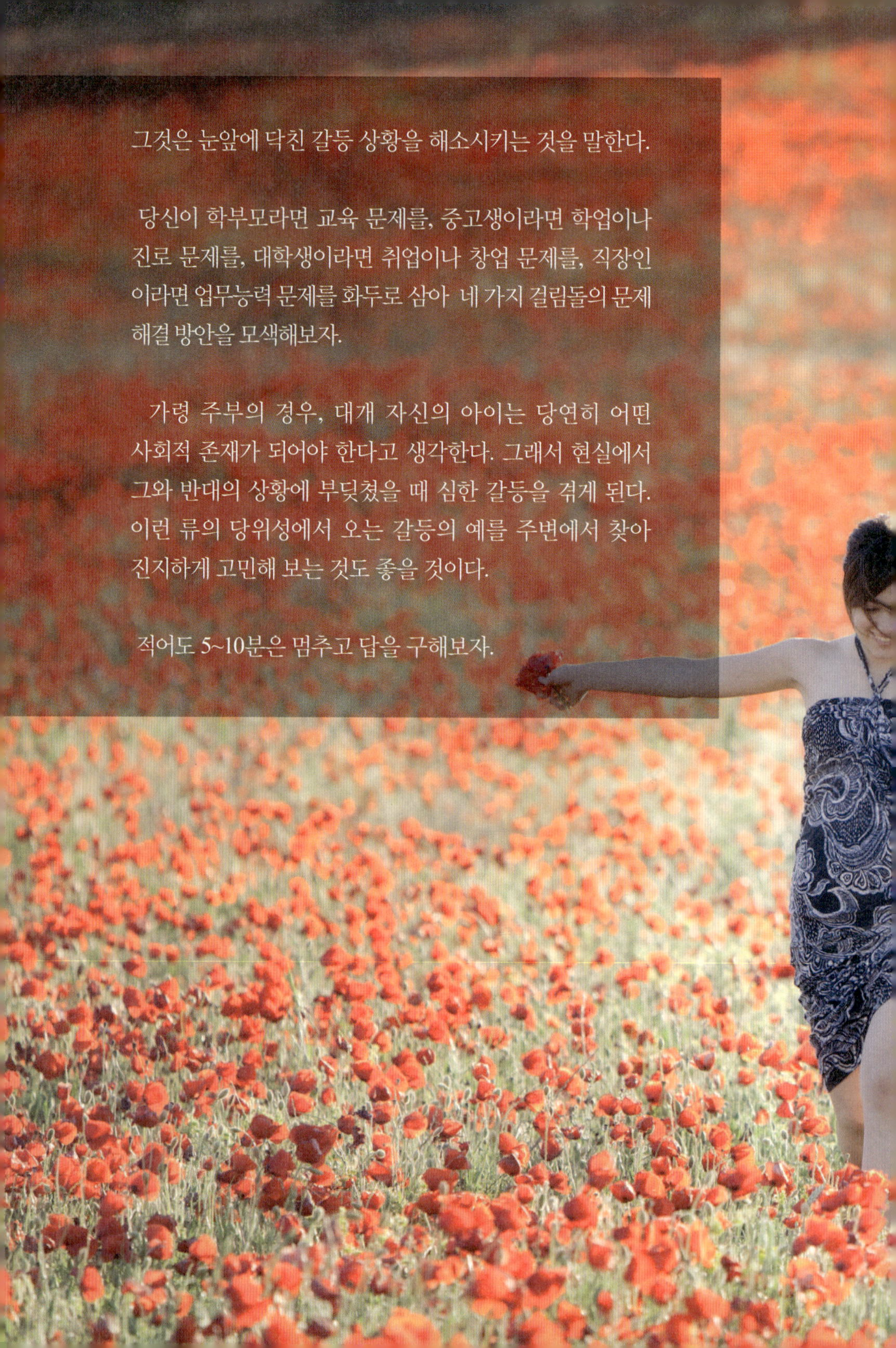

그것은 눈앞에 닥친 갈등 상황을 해소시키는 것을 말한다.

 당신이 학부모라면 교육 문제를, 중고생이라면 학업이나 진로 문제를, 대학생이라면 취업이나 창업 문제를, 직장인이라면 업무능력 문제를 화두로 삼아 네 가지 걸림돌의 문제 해결 방안을 모색해보자.

 가령 주부의 경우, 대개 자신의 아이는 당연히 어떤 사회적 존재가 되어야 한다고 생각한다. 그래서 현실에서 그와 반대의 상황에 부딪쳤을 때 심한 갈등을 겪게 된다. 이런 류의 당위성에서 오는 갈등의 예를 주변에서 찾아 진지하게 고민해 보는 것도 좋을 것이다.

 적어도 5~10분은 멈추고 답을 구해보자.

이제 각자가 생각한 답을 찾았는가?

나름대로 해법을 생각해봤을 것이다.
대부분 답이 떠오르지 않을 것이나 일부는 답을 찾았다고 확신할 것이다.

그런데 기이하게도 답을 찾지 못해야 정상이다.
왜냐하면 이 네 가지 걸림돌의 문제는 아무리 머리를 싸매도 되풀이 되는 문제들이기 때문이다.

왜 풀리지 않는가?

앞서 누누이 말했듯이 '문제와 해답' 구조는 '언 발에 오줌 누는 것'과 같이 일시적 해결책밖엔 되지 않는다. 잔디를 아무리 깎더라도 봄이 되면 어김없이 새 풀이 솟아나는 것과 같은 이치다.
'문제'라고 규정하는 순간 사야가 좁아져 입체적으로 접근할 길이 막혀버린다.

또한 문제란 것은 늘상 한 가지만 독립적으로 존재하는 경우가 없다. 다양한 관계망 속에서 복합적으로 형성된 것이기에 평면적 접근으로는 온전히 해결할 수 없는 것이다.

수박 겉핥기식의 피상적 해결은 또 다른 문제의 불씨만을 남길 뿐이다.

이제 눈치챘는가?

　근본적으로 해결하기 위해서는 답을 구하는 대신에 문제를 다루어야 한다. 문제의 뿌리인 네 가지 걸림돌의 속성을 깊이 상찰해야 하고, 그것이 문제되지 않는다는 사실을 직시해야 한다.

　이처럼 문제의 완전한 해결은 문제를 문제로 보지 않는 데서 출발한다.

　사실 문제란 것은 없다. 다만 그것이 있다고 생각할 뿐이다.

　문제를 문제로 보지 않고 있는 그대로 보게 되면 약효도 없지만 독성도 없게 된다.
　이 상태에서 저절로 문제가 풀리게 하면 된다.

　그런 방법이 정말로 존재할까?

4.

관계로 파악하여
그림으로 보라

나무를 보지 말고 숲을 보라

01

문제를 문제로 보지 않고 있는 그대로 놔둔다는 것은 어떤 의미
일까?

이것은 문제 해결을 미루는 것도 아니고 포기하는 것도 아니다.
단지 문제가 저절로 해결될 수 있도록 물꼬를 터주는 것이다.

문제라는 것은 어디서 발생됐는가?

그것은 늘 관계에서 발생된다. 따라서 먼저 관계를 살펴야 한다.

그럼 관계를 살핀다고 무슨 용 빼는 재주라도 있단 말인가?

여기서 두 사람 A와 B가 어떤 관계를 이루고 있다고 하자.
가령 사제의 관계, 연인의 관계, 부모 자식의 관계, 친구의 관계,
직장 동료의 관계 등등 그 예는 수없이 많을 것이다.

그런데 여기서 문제가 발생했다고 하면 어느 곳이 될까?

답은 A 아니면 B이다.

다시 말해 A 입장에서 보거나 B 입장에서 볼 때의 문제다.

가령 우리는 흔히 "너만 아니면 ~ 할 텐데," "네가 어떻게 그럴 수 있니?" 등의 말을 자주 쓴다. 이런 식의 말투가 A나 B 어느 한 쪽에 치우친 것이다.

그런데 A와 B의 입장을 떠나 A와 B의 동시 입장이 되면 어떨까?

그것은 문제가 아니라 일종의 실제 상황일 뿐이다.

이처럼 관계에서 보면 문제 자체가 성립되지 않고 '있는 그대로의 상황', 즉 사실(fact)이 된다.

그래서 이렇게 A와 B를 동시에 바라볼 줄 아는 사람의 말투에서는 '화면', '그림', '상황', '사실', '방향', '영화', '관객', '감독', '흐름', '가능', '여백', '가치', '창조', '감동', '탄성', '조화'… 등의 단어들이 자주 사용된다.

여하튼 문제가 아닌 **사실**에서 출발할 때 비로소 해결의 물꼬가 터진다.

갈등은 해소되어야 하는 것이 아니다.

문제란 것은 해결돼야 하는 것이 아니라, '왜'라는 생각 관계망의 시작일 뿐이다.

남녀 문제의 예를 하나 들어보자.

서로 다른 성격과 취향을 지닌 두 사람이 만나 연애를 하는 것은 결코 쉬운 일이 아니다. 간간히 다정하게 잘 사귀는 커플도 있지만 대부분은 다툼과 이별을 끊임없이 반복하게 된다.

왜 이렇게 연애의 과정은 험난한 것일까?

그 원인을 우리는 쉽게 '소통의 부재'라고 한다. 하지만 문제는 소통을 하려고 해도 잘 안 된다는 데 있다.

왜 그럴까?

그것은 서로의 입장에서만 문제를 바라보기 때문이다. A와 B를 동시에 바라보지 않고 각자의 입장에서만 보기에 문제가 반복되는 것이다.

문제의 입장에서 벗어나 사실의 입장, 즉 관계로 봐야지만 근본적인 남녀 문제를 해결할 수 있다.

즉 A와 B가 따로 존재한다고 인정하고, 또 어느 정도 거리를 둬야지만 관계로 보는 시각이 열리게 된다.

이제 '문제'와 '사실'의 차이에 대해 이해가 가는가?

다시 한 번 설명하면, 문제라는 것은 나의 주관을 덧씌운 일종의 의견(opinion)이어서 실제 사실과는 거리가 있다.

사실과 동떨어진 상태에서 해법을 찾기 때문에 문제가 되풀이되는 것이다.

가령,

'A가 나를 미워해서 나의 따귀를 때렸다.'

이 경우 '때린 것'은 사실이고 '미워한다는 것'은 나의 의견일 뿐이다.

그런데 '미워한다는 것'을 '사실'인 것으로 확신하고 마음에 쌓아놓기 시작한다.

불이 났을 때의 예를 하나 더 들어보자.

이런 경우는 불을 꺼야 한다는 데에 의견을 달리 할 사람이 없다.

'불이 난 것'은 모두가 인정하는, 있는 그대로의 사실이다. 그렇기에 개인적 의견이 개입되어 문제로 심화될 여지가 적은 것이다.

사실로 보기 위해서는 A와 B를 동시에 봐야 한다. 이것이 관계로 보는 것이고, 있는 그대로 보는 것이다.

이렇게 한발 물러나서 그림을 보듯 바라볼 때 비로소 주관적 왜곡이 걷히고 사실이 드러난다. 여기서 해결의 물꼬가 자연스럽게 열리게 된다.

관계로 보라, 그림으로 보라, 영화를 보듯 하라… 등의 말들은 모두 같은 말로, 사실을 바로 보라는 것이다.

인생은 한편의 연극이고,
그것은 어울림의 미학이다

02

있는 그대로 보는 것,

여기에 모든 문제의 실마리가 숨어 있다.

아직도 실감이 잘 안 간다면 교육의 예를 다시 들어보자.

학부모라면 자녀의 학업 문제에 대한 고민이 쉽게 풀리지 않는다는 사실에 공감할 것이다. 돈을 수없이 풀고 좋다는 해법을 다 써도 늘 제자리이니 얼마나 상심이 크겠는가!

속상하더라도 그 원인을 냉정하게 짚어 보자.

문제가 풀리지 않는다면 그것은 사실을 바로 보지 않았기 때문이다.

부모의 욕심에 의해 사실을 왜곡해서 본 것은 아닐까?

만일 사실과 다른 상태에서 진단하고 해법을 찾았다면 자녀의 문제가 풀어지지 않는 것은 당연할 것이다.

사실을 보기 위해서는 A와 B를 동시에 봐야 한다.
자식을 자신이 뜻대로 이끌려는 마음을 비우고 자신과 자식을 함께 바라보는 것이다.

자식 잘 됐으면 하는 바람을 지닌 부모와 그에 따라주지 못하는 자식! 이 둘이 마주하고 있는 상황을 있는 그대로 바라보라.

이것이 관계이고 사실(fact)이다.

관계가 되면 두 명 이상의 등장인물이 생겨 나면서 한 편의 영화가 된다.

관객이 되어 자기 자신이 출현하는 영화를 볼 때, 비로소 주관으로 왜곡된 관념의 늪에서 빠져 나와 사실(fact)을 직시하게 된다.

이제 사실을 알게 됐으니 영화를 멋진 방향으로 흘러가게 만들면 된다.

그러기 위해서는 혼자서는 결코 할 수 없다.

왜냐? 영화는 그 자체로 둘 이상의 관계에 의해서 이루어지기 때문이다. 여기에 덧붙여 음악과 영상, 반전의 구도를 통해서 에너지 흐름을 증가시킨다.

따라서 부모는 자식과 협조 관계를 유지해야 한다. 서로의
생각을 공유하면서 함께 영화를 그려 나가야 하는 것이다.

자, 이제 다시 한 장면을 떠올려보자.

퇴근하고 집에 돌아왔을 때, 자식이 게임에만 몰두하고 있는
그림이 떠오른다.

만일 이 그림을 떠올리면서 화가 치민다면, 아니 답답한 심정이
생긴다면 이것은 다시 문제로 인식한다는 뜻이다. A와 B를 동시에
보는 것이 아닌, A나 B 한 쪽 입장에서 보는 것이다.

그림은 그냥 그림일 뿐이다. 사실에 개인적 감정을 섞어서는 또
다시 문제로 규정하는 실수를 되풀이하게 된다.

사실을 그대로 받아들이고 그림과 공유해보자. 그림 속의
자식과 관계를 이루어 서로의 생각을 교류하는 것이다.

부모라는 통제자의 위치가 아니라 동등한 관계에서 서로의
의견을 나누자.

가령, 게임에 몰두해 있는 아들을 보며 어머니는 다음과 같은
식으로 말을 꺼낼 수 있다.

어머니: 우리 아들이 게임을 열심히 하는구나. 요즘은 어느 게임을 주로 하니?

아들: 요즘은 스타크래프트에 열중하고 있어요.

어머니: 그래? 그럼 평소에 제일 재미있어 하는 것이 스타크래프트이니?

아들: 네, 맞아요.

어머니: 그럼 이렇게 취미로 할 것이 아니라 더욱 열심히 해서 프로게이머가 되는 것은 어떠니? 앞으로 성인이 되어 직업으로 삼는 것도 좋을 것 같구나.

아들: 제 실력으로는 한참 부족해요.

어머니: 그럼 더 열심히 해서 최고가 되어 보는 것이 어떠니?

아들: 게임하는 애들이 워낙 많아서 힘들 것 같아요.

어머니: 그럼 게임이 너의 장래 직업이 될 가능성은 희박한 거니?

아들: 직업은 힘들죠. 그냥 지금 재미있어서 하는 것 뿐이죠.

어머니: 그렇구나. 그럼 혹시 네가 재미있어 하면서 훗날 직업이 될 수 있는 것은 없겠니?

아들: 재미있으면서도 직업이 되는 거요? 글쎄요. 생각해보지는 않았는데요.

어머니: 그런 것이 있으면, 재미있으면서도 장래에 도움이 되니 일석이조일 텐데. 우리 서로 그런 것이 혹시 없는지 연구해보자.

아들: 제가 무엇을 하고 싶은지 저도 한번 생각해봐야 겠어요. 하하.

이렇게 동등한 입장에서 상황을 그림으로 보면서 서로의 의견을 공유하고, 여기서 생겨난 에너지의 흐름을 존중하며 그 물꼬를 자연스럽게 유도해보자.

자녀를 평등한 위치에서 관계로 보면서 서로의 의견을 유연하게 교류할 때, 자녀가 지닌 본연의 에너지가 샘솟게 되고 그 방향이 서로가 공유한 쪽으로 자연스럽게 흐르게 된다.

다시 말해 용수철이 지닌 본연의 속성을 왜곡하지 않으면서 이상적인 방향으로 튀어 오를 수 있도록 협조하는 것이다.

정리하면, **관계로 보면 문제는 퍼즐이 된다.**

퍼즐은 맞춰지지 않는다고 해서 문제가 되지 않는다.
퍼즐은 맞춰나가라고 있는 것이다.
따라서 한발 두발 맞춰 나가면 된다.

마찬가지로 관계를 따져 그림으로 보게 될 때는 문제 자체가 성립되지 않고 퍼즐처럼 완성을 향한 과정이 된다.

관계로 보면 모든 문제는 퍼즐처럼 변하고, 그것은 더 이상 문제가 아니다.
전체 그림을 향해 맞춰나가는 **창조의 모티브**일 뿐이다.

예습이 중요한 것은 미리 배움에 대한 청사진을
세워 관계망을 설정하고, 이것으로 정보들을
모자이크처럼 맞춰 그림을 그릴 수 있기 때문이다

03

그래도 이해가 잘 안 된다면 자신의 아름다운 추억 하나를 떠올려
보자.

잠시 5~10분 정도 추억에 잠기도록 하자.

추억이 어떻게 보이는가?

그것은 아마 한 편의 영화를 보듯 화면이 이어져 스쳐 지나갈
것이다.

그리고 그 화면 속에는 주인공이 된 당신이 등장할 것이다.

이런 장면을 보는 당신의 위치는 어디에 있는가?

그것은 바로 **관객**이다.

관객이 된 당신, 이것이 바로 관계로 보는 것이요, 있는 그대로 그림으로 보는 것이다.

당신을 그림의 일부로 놓고 바라볼 줄 알 때 문제는 더 이상 문제가 아닌 그림의 일부가 된다.

정리하면, 그림으로 본다는 것은 관계로 보는 것이고, 관계로 본다는 것은 관객이 되어 감상하는 것이다.

아이들은 관객이 된 부모를
감사의 마음으로 바라보게 된다

아직도 관객이 되어 그림으로 본다는 말이 실감나지 않는가?

그렇다면 두 사람이 짝을 지어 듣고 말하는 것을 소재로 머릿속에 그림을 그리자.

먼저 그림으로 이야기를 해보자.
강의나 설교식의 일방적인 이야기가 아닌, 화제를 주고 받음으로써 여러 관점을 나누고, 그렇게 해서 나만의 그림이 아닌 우리의 그림을 그려 내는 것이다.

그런 다음에는 그림으로 듣기를 해보자. 남의 얘기를 쭉 들으면서 하나하나 장면을 사진 액자처럼 만들어 마음 속의 벽에 걸어보자.

이때 가급적이면 질문을 하지 않고 상대의 얘기가 원활하게 이어지도록 잘 경청하는 것이 중요하다.

하지만 상대의 이야기가 그림을 그리기에 부족하다고 느껴지면 다음을 유념해서 질문을 하면 된다.

첫째, 자신이 현재 그리고 있는 그림에 입각해 질문해야 한다. 그림을 좀 더 분명하게 그리기 위한 질문이 되어야 하는 것이다.

둘째, 상대의 이야기가 매듭지어질 때, 다시 말해 하나의 그림이 펼쳐지다가 잠시 숨을 고를 타이밍을 잘 살펴 질문한다.

셋째, 자신이 생각한 바의 동의(확인)를 구하는 것이 아닌, 사실(그림)을 물어보는 질문이 되어야 한다.

이렇게 남의 이야기를 들으면서 마음속으로 그림을 그리다가, 그림이 완성됐다고 생각되는 시점에 대화를 중단하고 잠시 여백을 둔다.

상대의 말이 끝나자마자 바로 말하려는 것은 관계에 의한 그림보다는 '자신의 의견'에 비중을 두기 때문이다.

그리고 당신이 만든 사진 액자를 순서대로 보면서 상대방이 말한 바를 다시 얘기한다.

사진 액자 만드는 법에 익숙하지 않다면 처음에는 한 개에서 시작한다.

이야기를 다 했으면, 상대방의 이야기와 일치했는지를 확인하고 다음 이야기로 넘어 가자.

이 훈련의 핵심은 자신의 의견을 섞지 않고 상대방의 이야기를 있는 그대로 그림으로 듣는 데에 있다.

어느 정도 연습이 될 때까지 더 이상 본서의 진도를 나가지 말고 약간이라도 그림으로 듣는 것이 익숙해질 때 다시 본서를 펼쳐라.

스토리를 짜고 그 위에 화면을 입혀 그림으로 듣고 말하는 훈련은 당신을 주인공에서 끌어내려 객관화시킬 것이다. 바로 관객이 되어 매사를 관계로 파악하고 그림으로 보게 하는 것이다.
이것에 익숙해지면 그림으로 생각하는 것이 자연스럽게 이루어지게 된다.

이렇게 그림으로 보고 듣게 되면 모든 문제는 전체의 일부가 되어 퍼즐이 된다.

퍼즐은 버리거나 왜곡시킬 필요가 없다. 전체에 맞게 제자리를 찾아가면 된다.

마찬가지로 지금까지 문제로 알고 있던 것은 전체의 일부가 되면서 더 이상 문제가 아니게 된다.

다시 말해 OX의 단정적 잣대가 사라지고 모든 것은 창조의 모티브가 된다. 문제를 문제로 보지 않고 안고 가게 되는 것이다.

아직도 네 가지 걸림돌이 태산처럼 높게만 보이는가? 처음 봤을 때보다 사애의 높이가 낮아지고 빈틈이 보이게 됐다면 당신은 이제 내 멋대로 사는 삶을 향한 첫걸음을 내딛였다 할 것이다.

우리는 어려서부터 정답을 구하는 일에 익숙해져 있다. 남보다 빨리 정답을 구해야만 더 좋은 성적을 받을 수 있기 때문이다.

그런데 이런 정답에 대한 욕구는 사회에 진출하면서 더욱 강해지게 되고, 결국 정답환상이라는 신념으로 고착하게 된다.

정답환상?

이것은 어느 경우든 정답이 있고, 그것만 찾으면 모든 문제를 해결할 수 있다고 믿는 마음이다. 마치 정답을 만능 키처럼 여기는 의식으로, 여기서 매사를 OX로 나누는 흑백논리가 싹트게 된다.

그림으로 바라보면 시공이 넓어지고 그 속에 온갖 변화의 물결이 넘실대게 된다. 이런 도도한 변화의 물줄기 속에서는 정답이라 단정 지을 만한 것이 존재하지 않는다. 그때그때 최선을 다할 뿐이다.

하지만 계속해서 정답을 찾거나 정답이라 단정 짓게 되면 물줄기는 이내 정체되고 창조는 퇴색하고 만다.

당신은 아직도 정답에 대한 환상을 지니고 있는가?

요컨대 관계를 파악해 그림으로 보면 문제 자체가 사라져 문제가 없게 된다. 걸림돌이 없어지므로 내 멋대로 살 수 있는 길이 활짝 열리는 것이다.

회의에서 자신의 의견이 심하게 비판 받을 경우, 관계로 상황을 보면 크게 감정적으로 흔들리지 않아 원만하게 회의를 끝낼 수 있을 것이다. 또한 남의 비판하는 소리를 비난의 말로 왜곡해 마음에 담아두지도 않을 것이다.

걸림돌이 줄어든 당신, 탐욕과 일탈을 즐기면서 하고 싶은 대로 할 수 있는가?

5.

진정으로 바라는
원력을 세워라

열정이란?
그 사람이 가지고 있는 속성이 아니라
다른 것과의 관계에서 나오는 에너지의 흐름이다.

　아직은 관계를 있는 그대로 보는 것, 스토리에 화면을 입혀 그림으로 보는 것이 익숙하지 않을 것이다.

　이것은 한마디로 A와 B를 동시에 바라봄으로써 있는 그대로의 사실을 인지하는 것이다.

　주관으로 왜곡하지 않고 사실을 본다는 것은 결코 쉬운 일이 아니다. 꾸준한 훈련이 필요하다.

　그렇다면 좀 더 쉽고 확실하게 이룰 수 있는 방법은 없을까?

　다행히 효과가 좋은 방법이 있다.

　그것은 바로 원력을 세우는 것이다.

원력이란 용어가 생소하겠지만, 이것은 매사에 진정으로 내가
하고 싶은 **청사진 그 자체**를 말한다.

사람들은 흔히 원력이라 하면 **목표에 의한 청사진**을 떠올린다.

사람들은 으레 목표와 결과에 집착하지만 그것은 원력의 극히
작은 일부이지 전부는 아니다.

목표와 결과를 청사진으로 삼으면 '**최선을 다해야 한다**'는 말을
하게 되지만, 그것보다 입체적인 원력을 청사진으로 삼게 되면
'**최선을 다하고 싶다**'는 말을 하게 된다.

원력이란 지금 이 시간, 그리고 오늘 하루, 나아가 1년, 10년…, 마음에서 저절로 우러나와 이루어졌으면 하는 바람이다.

주관으로 왜곡하지 않고 관계에 의한 사실(fact) 위주로 구성한 청사진이다. 영화로 치면 조연들이 부각되면서 재미와 가치가 살아나는 명화일 것이다.

원력은 모방이 아닌 창조다.

가령 내가 남과 똑같은 원력을 흉내 낸다면 이 세상에는 '남이 있는 것'이지 '내가 있는 것'은 아니다.

원력을 세우면 에너지의 흐름이 원력을 향해 일관되게 흐르면서 관계에 의한 그림으로 보게 된다.
다시 말해 '나' 중심이 아닌 '원력' 중심으로 보고 듣고 생각하기 때문에 자연스럽게 관계로 보게 되는 것이다.

원력이 잘 이해가 되지 않는가?

가령 A의 주변에 B와 C와 D가 있다고 치자. A가 청사진을 세우는데 A 위주로만 짰다. A가 자신에게 이득이 되는 방향으로만 청사진을 세운 것이다.

이렇게 되면 이것은 관계에 의한 청사진이 아니다. 영화에 비유하면, 주인공 혼자만 등장하는 단조롭고 지루한 내용이다. 간혹 B, C, D가 등장한다 해도 그건 별 의미 없는 엑스트라일 뿐이다.

이렇게 자신의 이해득실만을 따져서 청사진을 세운 것은 원력이 아니다.

그렇다면 A가 어떻게 청사진을 짜야 원력이 되는가?

우선 A는 자신의 입장에서 한발 물러나 A, B, C, D를 동시에 봐야 한다. 관객이 되어 관계를 바라보는 것이다. 여기서 왜곡이 아닌, 있는 그대로의 사실을 보게 된다.

그리고 A, B, C, D가 적절히 등장하는 스토리를 세운다. 마치 감독이 되어 배역을 맡기는 것과 같다. 물론 감독은 분명 A에게 주인공을 맡길 것이다.

하지만 감독은 주인공을 더욱 빛나게 해줄 조연에도 많은 신경을 쓸 것이다. B, C, D의 재능을 잘 고려해 그들이 최대한 자신이 역할을 할 수 있도록 배려할 것이다.

이렇게 주인공과 조연들을 잘 어우러지게 하고 적당한 음악과 의상, 조명, 색상 등을 곁들여 멋진 스토리를 그려낼 것이다.

그리고 최종적으로 다 만들어진 스토리를 원점부터 다시 검토할 것이다. 만일 스토리에 만족해 그대로 영화가 제작되었으면 하는 바람이 생긴다면, 이것을 **원력**이라 한다.

정리하면, 원력이란 관계에 대한 사실(fact)을 스토리로 엮어 그려진 청사진이다.

그리고 그것은 나만의 것이 아닌 **청사진 그 자체**이다.

화가가 캔버스에 그림을 그릴 때를 상상해보라.

화가는 그림을 가까이 혹은 멀리 보면서 그림을 그린다. 이때 그려지는 그림은 화가의 원력이지 화가 자신은 아니다.

화가는 수시로 관객이 되고, 작품(원력)을 벽에 걸고 바라볼 수 있어야 한다.

원력이 세워지면 보고 듣는 모든 정보활동은 원력을 향해
나아가게 된다.

원력은 관계의 완성이고 창조 그 자체이다.

따라서 부지불식중 그림으로 보고 듣게 된다. 의식이 원력을
향해 원활한 흐름을 갖게 됨으로써 자연히 관계로써 보게 되는
것이다.

02

그렇다면 반문해보자.

나는 원력이 있는가?

피상적이고 즉흥적으로 원하는 것이 아닌, 마음 깊은 곳에서 진실로 원하는 청사진이 있는가?

원력을 세운다는 것은 자신의 입장에서 한걸음 물러나 내면을 들여다보는 데서 시작한다.

적어도 5~10분간 진지하게 생각해보자.

이것을 찾는다면 에너지의 흐름이 원력을 향해 원활하게 흐르고, 여기서 **창조의 물줄기**가 잡히게 될 것이다.

당신이 구체적인 원력이 있다고 느낀다면 본서를 계속 읽어가면서 그 원력이 제대로 이루어진 것인지를 확인하라.

하지만 원력이 없다고 느낀다면 진지하게 당신의 삶에 대해
되돌아봐야 할 것이다. 원력이 없다는 것은 마치 돛을 잃어 표류하는
배와 같기 때문이다.

원력이 있고 없고는 당신의 삶에 지대한 영향을 미친다.

가령 부부 문제를 예로 들어보자.

부부 문제의 대부분은 소통의 부재다.

소통이란 상대의 의견을 듣고 이해할 줄 아는 것을 말한다.

흔히 성격차를 얘기하지만, 그것은 각자의 살아 온 과정과 유전적 정보가 다르기 때문에 당연한 것이다.

문제는 그런 성격 차이를 좁혀나가는 소통이 원활히 이루어지지 않는 데에 있다.

그런데 이런 사실을 몰라서 부부들이 문제를 겪는 것은 아니다. 근본적으로 소통 자체가 안 되기 때문에 고민에 고민을 거듭하는 것이다. 그러다가 심지어 이혼하는 지경까지 이르게 된다.

그렇다면 왜 소통이 안 되는 것일까?

그것은 관계로 보지 않기 때문이다.

관계로 보지 않는 것은 각자의 원력이 없기 때문이다.

원력이 없다는 것은 비유컨대 배에 방향키가 없는 것과 같다. 방향을 잃은 배는 정처 없이 표류할 수밖에 없다.

마찬가지로 원력이 없는 부부는 소통이 이루어질 수 없기에 크고 작은 문제에 시달릴 수밖에 없다.

만일에 소통에서 한 발 더 나아가 부부가 **공동의 원력**을 세울 수 있다면 가장 이상적인 결혼생활이 될 것이다.

원력을 지닌다는 것은 그 자체로 에너지가 샘솟는 구조가 된다.
그러므로 언제나 재미가 솔솔 느껴지게 된다.

시시각각 들어오는 숱한 정보는 일사분란하게 적당한 위치에 저장되고, 적기에 솟아나서 자신의 역할을 하게 된다. 모든 정보가 쓸모 있게 되어 창조라는 작품을 이루게 되는 것이다.

나에게 돌아오는 이해득실에 구애 받지 않고, 그저 마음에서 하고 싶기에 매 순간 최선을 다할 뿐이다.

그런데 원력이란 것도 하루아침에 뚝딱 세워지는 것이 아니다.

원력을 세우기 위해서는 원력과 유사한 형태인 **과력**의 함정을 피해야 한다.

사람들은 제각각 원력을 지니고 있다고 말을 한다. 하지만 그 내면을 자세히 들여다보면 원력이 아닌 **과력(誇力)**이 대부분이다.

과력이란 용어가 생소하겠지만, 이것은 경쟁사회에서 자신의 위치를 돋보이게 하기 위한 심리에서 세워진 편협한 청사진이다. 자신이 진실로 원하는 것이 아닌, 대부분 **남이 기대하는 것**을 내 것으로 포장한 것뿐이다.

과력은 앞에서 나온 네 가지 걸림돌을 문제로 규정하고 이것들을 만족시키기 위해서 세워진 것이다. 다시 말해 문제가 해결되지 않았을 때를 가정하고, 여기서 발생하는 두려움이 원인이 되어 만들어진 청사진이다.

가령, 소싯적에 장래의 꿈을 말할 때 흔히 '대통령', '판사', '변호사', '의사', '과학자' 등을 거론한다.

그런데 이런 청사진들은 자신이 진정으로 원해서 세워진 것이 아니다. 대부분 부모님의 바람이 반영되었거나, 자신의 존재를 돋보이기 위해 즉흥적으로 세워진 것들이다.

따라서 과력을 피해 원력을 찾기 위해서는 '나' 위주로 보는 습관을 고쳐 **관계로 보는 눈**을 지녀야 한다.

과력과 원력을 구분하려면 다음을 체크해보자.

원력이 오로지 나의 이해득실만을 따져서 만들어진 것이 아닌가?

‘이해득실’이란 네 가지 걸림돌을 적당히 배치해 나에게 유리한 쪽으로 물꼬를 트는 것을 말한다. 다시 말해 내안의 ‘불안과 초조’를 해결하기 위한 선택인 것이다.

이 부분에서 대부분 과력이 되고 만다.

오직 나의 이해득실만 들어간다면, 제 아무리 멋진 원력을 만든다 해도 그것은 주인공이 단 한 명만 등장하는 재미없고 단조로운 영화일 수밖에 없다. 여기서 관계라고 만들어 놓은 것들은 그냥 허접한 엑스트라들일 뿐이다. 조연배우조차도 없는 이런 영화는 재미도 없고 감상 포인트도 없는 싸구려 삼류영화에 불과하다. 결과적으로 이해득실로 만들어진 삶의 영화는 흥행에 실패하게 된다.

당신이 지닌 청사진은 원력인가? 아니면 과력인가?

김은국의《순교자》에 보면,
열 두명의 순교자에 대한 이야기가 나온다.

다음과 같은 내용이다.

육군본부 파견대에 근무하던 이 대위는,
6·25 사변 당시 12명의 목사가 평양에서 순교한 사실을 알고
조사하게 된다.

이들 순교자들은 기독교계에서 성자로서 높이 추앙받고 있었다.

반면에 생존자인 신 목사는 목숨을 구걸한 배교자로 낙인 찍혀 온갖
지탄을 받고 있었다.

어느 날 열 두명의 처형을 목격한 공산군 정 소좌가 체포되고, 그의
실토에서 놀랍게도 열 두명의 목사들이 비굴하게 목숨을 구걸하다
죽었고, 오직 신 목사만이 당당하게 저항하다 오히려 죽음을
면하였다는 진상이 밝혀진다.

이 대위는 신 목사를 찾아가 진실을 세상에 밝힐 것을 요구한다.

만일 당신이 신 목사라면 어떻게 할 것인가?

사실을 밝혀 열 두명을 매장시키고 명예를 되찾을 것인가?

아니면 지금처럼 진실을 덮고 불명예를 안고 살아갈 것인가?

신 목사는 후자의 길을 택했다.

왜 그랬을까?

그것은 후자의 그림이 더 아름답다고 느꼈기 때문이다.
신 목사에게는 '나'보다는 관계에 의한 '세상의 그림'이 먼저였다.
이것은 신목사 자신의 원력이다!

	과력(誇力)	원력(願力)
정의	분별에서 이루어지는 개체	관계에서 이루어지는 에너지장
목표	성패를 중시	방향성을 중시
정보	특정한 정보만 걸러서 습득	다양한 정보를 그대로 습득
위치	일정한 위치에 있어야만 가능	현재의 위치에 관계없이 가능
인성	딱딱해 흑백으로 갈라서 봄	유연해 전체구조로 통합해 봄
인생	문제에 집착하는 삶	가치를 창조하는 삶

다음은 워크숍 도중에 나온 청사진과 원력에 관한 질의응답이다. 아래의 대화를 통해서 원력의 의미를 좀 더 분명히 알 수 있을 것이다.

Q: 관계를 살펴 그림으로 보라고 말씀하셨는데, 이것은 쉽게 말해 객관적으로 보라는 말씀이 아니신지요?

A: 그렇습니다. 자신이 서 있는 자리에서 한발 뒤로 물러나서 '나와 남'을 동시에 바라보는 것이지요.

Q: '객관적으로 보라'는 말은 어렸을 적부터 늘 듣던 말이지만, 현실 속에서 적용하기란 결코 쉽지 않다고 생각됩니다.

A: 그것은 올바른 청사진이 없어서 그런 것입니다.

Q: 노숙자나 폐인을 제외하고는 누구나 나름대로의 청사진을 가지고 있지 않습니까?

A: 벽돌만 쌓는다고 집이 되는 것은 아니듯, 청사진 역시 적당한 구조를 갖춰야만 합니다. 에너지가 넘쳐 흐르는 구조라야 올바른 청사진이라 할 수 있지요. 이런 온전한 청사진을 일러 **원력**이라 하는 것입니다.

Q: 원력이요? 그렇다면 그러한 원력을 지니고 있으면 정말로 객관적으로 볼 수 있게 되는 것인지요?

A: 그렇습니다. 왜냐, 원력의 중심에는 '**나와 남**'이 동시에 자리 잡게 됩니다. 이것은 원력이 '**나의 이해득실**'이 아닌 '**나와 남의 관계**'에 의해 형성된 것을 의미합니다. 따라서 보고 듣는 것들이 저절로 관계로 이루어지게 되니 객관의 눈을 뜨게 되는 것이죠.

Q: 그렇다면 이번 워크숍의 결론은 원력에 있겠군요. 삶의 가치를 증대하기 위해서는 객관의 눈이 필요하고, 이것을 얻기 위해서는 심중에 원력을 세워야 한다는 것이네요. 하지만 그 원력이란 것이 쉽게 와닿지 않습니다. 나와 남을 동시에 고려해서 청사진을 세운다는 것이 다소 현실적으로 무리가 있지 않을까 싶습니다.

A: 우리의 모든 의식은 유리한 쪽으로 흘러가려고 합니다. 그렇기에 원력을 세우는 것이 가능합니다. **관계를 살펴 그림으로 보는 것이** 얼마나 자신의 삶에 유리한지를 조금이라도 알게 되면 우리의 의식은 원력을 받아들이게 됩니다. 그것은 소정의 훈련을 통해서 충분히 가능합니다. 그렇기에 원력이란 현실과 동떨어진 뜬구름이 아닙니다.

Q: 원력! 그것이 핵심 키워드이군요. 대개는 청사진을 세울 때 나만의 이익을 중심에 놓게 되는데, 이때 나와 남을 동시에 넣어야 된다는 것이 포인트인데, 이것이 현실에서 가능할지 여전히 의문이 남습니다.

A: 가능합니다. 방금 전에도 말씀드렸듯이 원력이 자신의 삶에 이롭다는 점만 알면 의식은 저절로 그 방향으로 흘러가게 됩니다. 원력의 효과란 첫째, **스트레스**를 받는 일이 극감하게 됩니다. 둘째, 구조적인 눈이 생김으로써 **창의력**을 비롯해 **업무의 능력**이 배가됩니다. 셋째, 소통이 자유로워지면서 **대인관계**가 원만해집니다. 넷째, **활력**이 넘치고 매사가 **즐겁게** 됩니다. 이렇듯 원력을 세움으로써 파생되는 이로움을 인지하게 된다면 누구나 원력을 세우려 할 것입니다.

Q: 말씀대로라면 관건은 원력의 효과가 정말 그러한지 맛을 보는 것이겠군요?

A: 그렇습니다. 그것이 이번 워크숍의 주제입니다. 여러분들은 소정의 훈련을 통해서 **관계로 살펴 그림으로 보는 것**을 익히게 될 것입니다. 그리고 '나와 남'을 동시에 바라볼 때 어떤 이로움이 여러분에게 주어지는 지를 맛보게 될 것입니다. 그것이 맛있다고 여겨지는 분은 원력이 자연스럽게 받아들여지겠지요.

Q: 맛보기라! 좋습니다. 그 맛이 제 입맛에 맞는지 한 번 시식해봐야 겠습니다.

03

그런데 원력에 왜 이렇게 목매는 것인가?

그것은 내 멋대로 살 수 있는 열쇠이기 전에 생명의 본질이기
때문이다.

생명의 본질은 **변화와 창조**이다. 그리고 창조는 원력을 통해 이루
어진다.

그렇다면 원력이 왜 생명의 본질이 되는가?

생명이란 일종의 정보 덩어리로 볼 수 있다.

그런데 정보만 뭉쳐 있다고 생명이 되는 것은 아니다. 사실 삼라만상 모든 것이 정보로 이루어져 있지 않은가!

따라서 생명이라고 말할 수 있으려면 정보의 취합에 적합한 **에너지의 흐름**이 있어야 한다. 에너지의 흐름이 멈추고 외계와의 정보망이 폐쇄되면 더 이상 생명이 아니다. 이런 상태를 물질이라 한다.

그렇다면 에너지의 흐름만 잘 보전하면 생명으로 손색이 없는 것인가?

모든 것에는 우열이란 것이 있다. 마찬가지로 생명에도 현저하게 그 질적 차이가 존재한다. 에너지의 흐름이 있다고 해도 중구난방이 되어서는 참된 생명이라 할 수 없다.

에너지가 **일정한 방향으로 원활히 흐를 때**에 정보는 일사불란하게 취합되어 차곡차곡 의식에 쌓이게 된다. 그리고 모든 정보가 마치 모자이크처럼 제 본연의 기능을 함으로써 **진정한 배움**이 일어나고, 이로써 **창조의 꽃**을 활짝 피운다.

이 정도 되어야 참된 생명이라 말할 수 있다.

<table>
<tr><td rowspan="2">생명의 조건</td><td>1. 정보 취합의 문호가 열려 있어야 한다.</td></tr>
<tr><td>2. 에너지의 흐름이 원활해서 진정한 배움이 일어난다.</td></tr>
</table>

그렇다면 생명의 두 가지 조건을 어떻게 해야 충족할 수 있는가?

바로 원력이다. 원력을 지니게 되면 저절로 생명의 두 조건을 만족하게 된다.

늘 관계로 보기 때문에 정보 취합의 문이 활짝 열려 있고, 하고 싶은 바가 뚜렷하기 때문에 에너지가 활기차게 흘러가게 된다.

따라서 원력은 생명이 지닌 가치를 빛나게 하는 지남차이다.

원력을 세운 당신,

당신이 사고하고 행동하는 모든 것은 원력을 중심으로 펼쳐진다.
따라서 당신이 멋대로 행동해도 부지불식중 관계로 보게 되고, 문제
자체가 성립되지 않아서 걸림이 없게 된다.

우리는 흔히 "최선을 다한다"는 말을 자주 쓴다. 그런데 최선이란
아무 때에나 쓸 수 있는 말이 아니다.
최선(最善)의 자의를 살펴보면, '선(善)의 에너지를 최대(最)로
끌어 올린다'는 뜻이다. 여기서 선(善)이란 '조화를 최적으로 이룬
상태', 쉽게 말해 '가장 아름다운 그림'이다.
따라서 최선이란 '최적의 상태를 이루기 위해 창조활동이 왕성하게
이루어지는 것'으로 정리할 수 있다.

그런데 의무감이나 문제 해결이 동기가 되어 최선을 다한다면, 이것을 과연 앞서 언급한 최선이라 할 수 있을까?

이런 식의 과력에서 나오는 최선은 에너지가 지속적으로 생겨나지 못하고 중도에 수그러들기 십상이다. '해야 한다'는 강박감에서 에너지를 억지로 짜내기 때문이다.

따라서 최선이라 말하려면 '하고 싶은 마음'이 저절로 용솟음쳐야 한다. 그래야만 에너지가 왕성해지고 지속적으로 창조를 향해 흘러갈 수 있는 것이다.

최선!

그것은 원력을 지닌 경우에만 나올 수 있는 **창조의 원원(元元)한 에너지이다.**

이해를 쉽게 한 독자도 있겠지만, 대부분은 난해하다고 생각할 수 있을 것이다.

그래서 다시 한 번 핵심을 정리해보고자 한다.

남녀노소를 막론하고 살아가는 원동력은 **바람(want)**에서 나온다. 바람이 없으면 삶의 에너지가 줄어 그만큼 사는 맛을 잃고 만다.

그런데 바람에는 한 가지만 있는 것이 아니다. 놀랍게도 **기대**와 **희망**이라는 서로 다른 두 종류의 바람이 존재한다.

기대와 희망?

양자는 아무리 봐도 비슷해 보이는데, 도대체 무슨 차이가 있다는 것인가?

먼저 기대를 살펴보자.

우리는 늘 기대를 하면서 살아가고 있다. 나의 앞길에 대한 것은 물론이고 타인에 대한 기대도 지니고 있다.

그런데 기대가 이루어지지 않으면 **실망**을 가져오고, 여기서 온갖 **갈등**이 싹트게 된다. 그리고 갈등을 **문제**로 보고 그것을 해결하려고 **통제**를 시작하면서 대인 관계에 먹구름이 끼게 된다.

기대 → 실망 → 갈등 → 문제 → 통제

그렇다면 혹자는 반문할 수도 있을 것이다. 기대 없이 어떻게 살아갈 수 있느냐고….

기대가 이상과 같은 구조로 흘러가는 이유는 사고의 중심에 '나'를 두었기 때문이다. 다시 말해 과력으로 똘똘 뭉쳐 있는 까닭이다.

따라서 사고의 중심에 '나' 대신 '원력'을 둔다면 상황은 크게 달라진다. 기대가 희망으로 바뀌면서 긍정의 에너지로 가득 차게 될 것이다.

기대는 초점을 **결과**에 두는 데에 반해 희망은 초점을 **과정**에 둔다. 그래서 기대는 실망할 수 있지만 희망은 실망 대신에 또 다른 긍정의 에너지를 불러일으킨다. 희망은 실망으로 이어지지 않기에 갈등과 문제, 나아가 통제로 이어지지 않는다.

그래서 희망은 언제나 꿈을 먹고 살게 된다. 결과에 상관없이 원력을 향해 즐거운 행보를 지속하게 되는 것이다.

우리는 지금껏 원력과 과력에 대해서 살펴봤다.

원력과 과력을 구분하고 싶다면, 지금 현재 당신의 바람이 기대 인지 희망인지를 따져보면 될 것이다.

당신의 바람은
기대인가? 희망인가?

6.

스토리를 짜고
그림을 입혀
예술로 승화하라

01

앞서 원력의 중요성에 대해서 설명했다.

그렇다면 원력을 어떻게 세울 수 있는가?

매사가 그렇듯 작은 일에서부터 시작해야 한다.
먼저 아침에 눈을 뜨면 하루 일과를 스토리로 생각해보자.
마치 작가가 영화 시나리오를 쓰듯 하루 동안 일어날 일들을 연결하여 한 편의 영화를 만드는 것이다.
그리고 그렇게 머릿속에서 그려진 영화가 자신이 진정으로 원하는 영화인지 아닌지를 잘 판단해 수정 작업을 거친다.

이제 자신이 원하는 영화가 완성되었다면 다음을 체크해보자.

1. 관계 중심으로 스토리가 짜여 있는가?

2. 영화가 감상하기에 재미있는가?

3. 영화 속에서 살고 싶은 마음이 드는가?

4. 현실화가 가능한 스토리인가?

5. 영화가 내 불안과 초조를 해소하기 위해서 만들어졌는가?

이상의 다섯 가지 체크를 통과한다면 그것은 하루의 원력이라 할 수 있다.

이것이 순조롭게 된다면 이제 시간을 늘여보자.

일주일의 원력을 세우고 더 나아가 한 달의 원력을 세워보자.

이렇게 일상에서 원력을 세우는 일에 숙달되면, 이제 10년 뒤의 내 모습을 그려보자. 10년 뒤의 영화를 그려 내가 진정으로 원하는 스토리를 짜보는 것이다.

그리고 그렇게 이루어진 영화를 다시 한 번 체크리스트의 조건에 부합하는지를 살펴 통과하면 원력이 완성된 것이다.

만일 당신이 결혼해서 가정을 이루고 있다면 가족 구성원 공동의
원력을 세우는 것도 좋은 방법이 될 것이다. 또한 오늘 회의가
있다면, 그것에 대한 원력을 미리 세워보는 것도 좋을 것이다.

자, 이제 당신은 원력을 세웠는가?

사람들은 흔히 '행복하기 위해서 그것을 이루려고 한다'는 말을 한다. 그런데 행복이란 것은 원력이 될 수 없다. 그것은 원력에서 파생되는 부산물일 뿐이다. 부산물에 초점을 맞추면 자신의 기분에 따라 들쭉날쭉해 원력을 향한 창조 활동이 어려워진다.

다시 한 번 원력인지, 아니면 과력인지 체크해보자.

원력과 과력은 그야말로 종이 한 장 차이이다. 그만큼 구분이 잘 되지 않는다. 하지만 앞서 언급한 네 가지 걸림돌, 즉 **사애(四碍)**를 기준으로 보면 그 차이는 명확해진다.

이 시점에서 당신이 세운 청사진이 사애와 무관한지를 곰곰이 살펴 보라.

과력은 아무리 멋들어지게 세워졌다 해도 그것을 떠받치는 기둥이 사애로 이루어졌다는 특징이 있다. 따라서 과력은 여전히 사애에 정체되어 에너지가 밖으로 흐르지 못한다. 마치 집 밖으로 나가는 하수구가 막혀 개울로 이어지지 못하는 것과 같다.

원력은 사애를 대들보로 삼지 않는다. 그저 관계를 살펴 최상의 아름다움만을 바라볼 뿐이다. 그래서 사애에 자유로울 수 있고,

에너지는 하수구를 넘어 개울로, 그리고 강을 거쳐 바다로 흘러갈
수 있는 것이다.

사애로부터의 자유, 여기서 원력과 과력으로 나뉘게 된다.

자신의 이익을 합리화하기 위해 세운 청사진, 다시 말해 사애를 기준으로 세운 청사진이라며 그것은 결코 원력이라 할 수 없다.

자칫하다가는 멋진 포장을 하고 세상을 자기 뜻대로만 끌고 가려는 몬스터로 전락할 수도 있다. 사실 우리가 알고 있는 일반적 리더 중에는 과력으로 똘똘 뭉친 몬스터들이 적잖게 있다.

그렇다면 진정한 리더란 어떤 사람일까?

첫째, 공동의 청사진(원력)을 그릴줄 알아야 한다. 자기만 등장하는 청사진을 가지고 단체를 이끈다면 제대로 된 리더라고 할 수 없다.

둘째, 구성원이 공동의 청사진을 향해 원만히 나아갈 수 있도록 에너지를 관리할 줄 알아야 한다. 이렇게 함으로써 에너지의 흐름을 모으고 그것이 일관되게 청사진을 향해 흘러가게 한다.

그럼 여기서 리더와 몬스터의 말투를 비교해보자.

몬스터는 흔히 분별적 언어를 즐겨 쓴다. 몬스터가 아니라 해도 우리는 생활 속에서 습관적으로 분별적 언어에 길들여져 있다. 이것은 모든 것을 '나' 위주로만 보고 듣고 판단하기 때문이다.

분별적 언어는 크게 다섯 가지로 정리할 수 있다.

1. '나와 너'로 구분하는 화법

* 감히 너 따위가~: 감히 너 따위가 나한테 그런 말을 해?
* 나는 말이야 ~: 나는 말이야, 대단한 위치에 있는 사람이야.
* 내 성질 알지?: 내 성질 알면 알아서 잘 처신해.

2. '가정'을 하는 화법

* 내가 ~ 하면 ~ 할 텐데: 내가 돈만 있으면 행복할 텐데.
* 너만 없으면~: 너만 안 보이면 내 마음이 편해질 텐데.

3. '현재'를 중시하는 화법

* 지금 대비 ~ 하다: 내년 이익은 올해 대비 120%로 하라.

* 이게 무슨 꼴이야?: 내 꼴이 우습게 되어버렸잖아.

* 이래서 되겠어?: 이 따위로 해서 효율이 오르겠어?

* 완전 엉망(개판)이군: 이게 뭐하는 짓이야. 개판을 치고 있군.

4. '흑백'으로 가르는 화법

* ~는 틀렸어. 형편없어. 루저야: 저 애는 왜 이렇게 형편없어?

* ~는 완전 망했어. 끝장났군: 이런 젠장, 완전 망해버렸군.

* ~는 대박이야: 이번에 내가 대박친 것 알아?

* ~ 100% 맞아: 내말이 100% 맞아. 정말이라니까.

* ~로 무조건 ok: 무조건 밀어붙여. 못 먹어도 고(go)야.

5. 통제하는 화법

* 어떻게 네가 ~: 어떻게 네가 나에게 이럴 수가 있어?

* 네가~해서 내가~하다: 네가 그렇게 행동해서 내 가슴이 아프다.

* 너 변했어, 예전과 달라: 너 완전히 변했어. 예전의 네가 아냐.

* 어떻게 그럴 수 있어? 실망이야: 네가 나에게 어떻게 이럴 수가

있어. 정말 실망이야. 실망.

언어란 **사고의 수단**이다. 따라서 언어를 보면 사고의 패턴을 엿볼 수 있다.

이상의 말투 속에는 '나' 위주로 보는 습성이 배여 있다.
따라서 어떤 미사여구를 동원해 자신을 포장한다고 해도 리더가 될 수 없다.

사실 몬스터가 분별적 언어를 사용하는 데에는 그만한 이유가 있다. '나' 위주로 청사진을 짰기 때문에 불안감을 떨칠 수 없는 것이다. '나'가 아니면 모두가 경쟁자인 구조니 어찌 한시도 긴장감을 늦추지 않을 수 있겠는가!

리더는 관계를 고려한 원력을 지니고 있다. 따라서 이런 사람이 쓰는 언어는 대체로 개연적이고 유연하다.

나와 너로 구분 짓지 않고 하나의 관계로 파악한다. 그래서 다음과 같은 말들을 즐겨 쓴다.

"그림이 보기 좋다."

"상황이 보기가 안 좋다."

"영화가 좀 지저분하지 않아?"

"네가 하는 일이 청사진에 맞느냐?"

"우리가 하고 싶은 것과 방향이 같아?"

"재미있는 스토리가 만들어지냐?"

"사실을 바로 본 거야?"

"흐름이 좋지 않은 것 같아."

"글쎄, 내 생각엔 가능성이 많은 것 같은데."

"여백이 없으니까 그림이 좀 답답한 것 같아."

"그런 방향으로 나가면 가치가 풍부할 것 같아."

"어쩜 이렇게 멋질 수가 있지! 감동이 절로 나오네."

"이것들은 너무나도 조화가 잘 되는 것 같아."

"그럴 수도 있지. 아쉽지만 그대로 두지."

이렇게 청사진을 염두에 둔 말들을 즐겨 쓰기에 소통이 원활해지고 의사 전달과 결정이 빨라진다.

가정을 통해 자신을 추켜세우려 하지 않고, 현재보다는 미래의
원력을 중시한다. 흑백으로 갈라 결정짓기보다는 확률적으로
유연하게 말한다.

가령 몬스터들은 정답을 하나로 단정지어 집착하지만 리더들은
정답을 여러 개로 봐 늘 원만하게 대처한다.

그런데 대부분의 사람들은 분별적 언어에 길들여져 있어서
이상과 같은 리더들의 어휘에 익숙하지 못하다. 또한 아직까지는
리더들의 어휘가 부족해 일상의 활용에 제약이 있다는 아쉬움도
남는다.

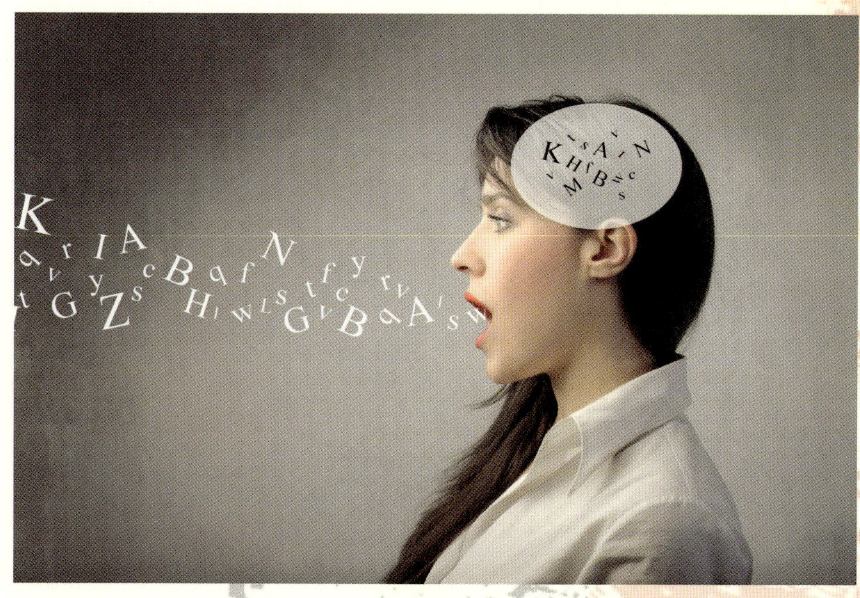

02

이제 다시 당신이 세운 원력을 바라보자.

원력을 바라보는 당신.

감탄이 일어나고 그런 영화 속에서 살고 싶다는 생각이 솟아난다면
이제 당신의 모든 의식은 원력을 향해 일관되게 흘러간다.

당신은 '**나**' 중심에서 '**원력**' 중심으로 바뀌게 되었다.
이것은 **에너지의 일대 전환**이다.

당신 중심으로 에너지가 흐를 때는 주변과 끊임없는 마찰을
일으킨다. 그래서 내 멋대로 살 수가 없다.
하지만 원력 중심으로 에너지가 흐르면 걸림돌 자체가 성립되지
않아 주변과의 마찰이 없게 된다. 설령 일순간 마찰이 있다고
하더라도 거기에 얽매이지 않는다.

왜일까?

주변에서 형성되는 소위 문제라는 것들이 원력을 이루는
창조의 모티브로 녹아버리기 때문이다. 다시 말해 당신이 그리는
영화의 재료가 되는 것이다.

원력을 지닌 당신은 삶, 이제 놀라운 변화가 일게 될 것이다.
모든 에너지는 원력을 향해 흘러가고, 여기서 창조의 꽃이 활짝
피어난다. 이제 당신은 **창조적 인간**이다.

첫째, 뛰어난 학습 효과가 생긴다.

우리는 알게 모르게 지식을 쌓고 그것을 활용하며 살고 있다.

그런데 지식이란 주변과 관계로 연결되어 **창조의 재료**가 되지 않으면 그것은 파편 쪼가리에 불과하다.

지식은 수학에서 말하는 점과 같다. 연결되지 않으면 단순한 부분으로 전락된다.

그런데 원력을 중심으로 사고하면 지식은 저절로 관계로 연결되어 **창조의 재료**가 되고 스토리로 엮을 수 있다.

주변에서 들어오는 정보는 그 어떤 것이라도 스펀지처럼 쭉쭉 빨아들여 **창조로 승화**하게 되는 것이다.

이렇게 원력을 지니고 있을 때 지식은 관계가 되고 나아가 창조의 밑거름이 되어 비로소 **진정한 배움**이 이루어지게 된다.

둘째, 매사에 창의력과 업무 효율이 생긴다.

'나' 중심의 사고는 그 틀에 한계가 있다.

그런데 관계로 그려진 원력 중심으로 사고하게 됨으로써 남들이 생각하지 못하는 분야의 아이디어가 샘솟게 된다. 보는 시야가 넓어짐으로써 창조의 자료가 풍부해진다.

가령 고객 가치를 극대화하는 제품 개발에 대한 공학적인 문제가 주어졌다고 하자. 이런 경우 얼핏 보면 원력과 기술 간 연관성을 따지기 어려울 것이다.

하지만 원력을 지닌 자는 고객 가치를 바라보는 눈이 있고, 일에 대한 재미와 방향성이 명확하여 남다른 아이디어를 떠올릴 수 있다. 이로써 기술의 발전까지도 이끌 수 있다.

흔히 '열심히 하는 자가 재미있게 하는 자를 당할 수 없다'고 한다. 이것은 의무감으로 하는 것과 자발적으로 하는 것의 차이다.

사실 회사의 승진에서 탈락하는 사람들을 보면 대개 주어진 일만 하는 사람들이다.

이렇듯 원력은 직장에서 **업무능력**을 향상할 뿐만 아니라 창업에 있어서도 큰 도움이 된다.

또한 **예술** 분야에 있어서도 **창조의 원동력**이 된다. 예술가가 자신의 작품을 통해 관객의 심금을 울리게 하는 것은, 자신과 타인의 삶에 어린 애환에서 한발 물러나 관계로 표현했기 때문이다.

이런 일적인 측면을 떠나서 일상생활에서도 원력은 여러 가지 삶의 질을 높이는 **지혜의 힘**으로 작용한다.

셋째, 의사 결정이 빨라진다.

우리의 의식은 매 순간 쉬지 않고 **선택**하며 진화한다.

그래서 선택을 얼마나 빨리 잘 하느냐가 그 사람의 **지성**과 **능력**을 대변한다.

그런데 원력을 지니게 되면 청사진이 분명해지기 때문에 의사 결정이 빨라지게 된다. 깃발을 꽂아야 동서남북이 정해지듯, 원력이 세워졌기에 방향을 정하는 것이 분명해지는 것이다.

　그리고 원력에 따른 의사 결정은 흑백으로 단정하는 것이 아니라 **방향**을 존중해 가변적으로 결론을 내리기 때문에 유연하면서도 주변을 포용한다는 특징이 있다.

넷째, 직업을 정하기 쉬워진다.

원력이 없는 사람들은 직업을 선택할 때 주로 '돈과 근로시간'을 잣대로 삼는다.
이 조건에 따라서 직업은 얼마든지 변할 수 있게 되어 항상 불안한 상태에 머물게 된다.

하지만 원력이 있는 사람은 저절로 원력의 방향에 부합하는 직업을 찾게 된다.

물론 '돈과 근로시간'이 배제된 것은 아니지만, 직업을 정하는 데에 있어서 핵심 키워드는 단연코 원력이 된다. 그렇기에 직업을 결정하는 데에 판단이 쉬워진다.

이런 식의 의문들을 계속해서 떠올리면서 원력에 부합하는 직업을 찾게 된다. 회사가 자신을 뽑아주는 피동적 위치에서 벗어나 자신이 회사를 선택한다는 **능동적이고 진취적 자세**를 견지하게 된다.

이런 의식은 인터뷰할 때도 유리한 고지를 차지하게 된다.

흔히 인터뷰할 때 "뽑아만 주시면 최선을 다하겠습니다"라는 멘트를 많이 한다. 하지만 이런 식의 틀에 박힌 인터뷰는 생산직에 근무하는 노동자라면 모를까 회사원으로서는 자격 미달이다.

그것은 자신만의 뚜렷한 원력이 없기 때문이다. 원력을 기준으로 해 자신의 **소신과 포부**를 당당히 밝힐 줄 아는 사람, 이런 사람이 회사에서 원하는 인재가 될 것이다.

다섯째, 남들과의 관계가 원만해진다.

원력을 중심으로 생각하고 행동하기 때문에 주변과 마찰을 일으킬 일이 없게 된다.

그림으로 보고 듣기에 남의 말을 잘 들어주고, 자신의 의견을 제시 할 때도 관계를 고려해 그림으로 말하기에 **원만한 대인관계를** 이룰 수 있다.

특히 토론이나 회의를 할 때 전체 의견을 수렴해 발전된 방향으로 이끌어갈 수 있는 힘이 생긴다.

여섯째, 시간의 문제를 해결한다.

현대 사회가 복잡해지면서 실업에 의한 **시간 잉여의 문제가** 심각하게 대두된다. 시간이 남게 됨으로써 파생되는 구조적인 문제다.

예로부터 혼자 있는 시간을 어떻게 보내느냐에 따라 그 사람의 성품을 판단하고는 했다. 그만큼 시간을 어떻게 쓰느냐의 문제는 소홀히할 수 없는 사안이다.

요즘 대두되고 있는 노인 문제만 봐도 그렇다. **고령화 사회**가 되면서 시간이 대폭으로 늘어나게 된 것이다.

물론 예외는 있겠지만 적잖은 노인들이 죽음을 기다리면서 무료하게 시간을 보내고 있는 것이 현실이다.

이런 무료함을 달래기 위해 노인들은 종종 과거의 영웅담이나 일화를 화젯거리로 올리지만 마음 한편에 자리한 허무함과 섭섭함은 지울 수가 없다.

하지만 원력을 지닌 사람은 시간을 도화지로 삼아 그림을 그려 넣으려 한다. 그렇기에 실직이나 고령화 사회로 인해 시간이 많이 생겨난 경우에도 **창조적 활동**은 멈추지 않는다.

가령, 자신의 일생의 영화를 보면서 어떻게 하면 재미있고 감동적으로 마지막 대미를 장식할까를 구상하게 된다.

삶과 죽음을 있는 그대로 바라보기 때문에 스피노자의 "내일 지구가 멸망한다 해도 나는 한 그루 사과나무를 심겠다"는 말처럼 생을 마감하는 순간까지 **창조적 활동**을 멈추지 않는다.

원력에 의한 삶에 익숙해진다면 '**잘 하는 것**'과 '**좋아하는 것**'의 구분이 줄어들게 된다.

그리고 생각 없이 대충 습관적으로 하거나 어느 무엇을 꼭 해야만 된다는 구조에서 벗어나, 하고 싶어서 하거나 결과에 대한 집착이나 머무름이 없이 그냥 행하게 될 것이다.

> 1. 대충 한다 ⇒ 습관 구조
> 2. 해야 한다 ⇒ 문제 구조
> 3. 하고 싶다 ⇒ 원력 구조
> 4. 그냥 한다 ⇒ 창조 구조

필자는 서두에 '탐욕과 일탈을 맘껏 불사르라'고 말한 바 있다.

이제 당신은 그 말대로 할 수 있겠는가?

원력을 세우고 관계로써 보게 된다면 사애에 걸림이 없게 되어
당신이 부리는 탐욕과 일탈은 자유롭게 될 것이다.
탐욕과 일탈은 더 이상 문제가 아니며 각각 창조와 변화가 되어
삶의 동력이 되어 줄 것이다.
여기서 본서의 주제인 내 멋대로 살 수 있는 길, 창조적 삶이 활짝
열리게 된다.

에필로그

창조는 순수한 비움에서 비롯된다

하지만 이런 사실을 알면서도 우리는 구조적으로 이렇게 살 수밖에 없었다.

주어진 대로 살아야만 도덕적으로나 지성적으로 잘 사는 삶이라고 배웠기 때문이다.

또한 우리는 습관적으로 매사를 OX로 나누어 **문제와 해결**의 반복된 삶을 살아 오고 있다.

하지만 이런 꽉 짜여진 삶 속에서는 재미도, 신바람도, 창조도 없다.

내가 하고 싶은 것을 하며 살아야 창조가 이루어지고 삶이 가치 있게 된다.

내 멋대로 사는 삶?

이것은 누구나 원하는 삶으로, 일명 **창조적 삶**이라 한다.

물론 이런 창조적 삶이 쉽지 않은 것만은 사실이다. 의식의 대부분을 이루고 있는 무의식이나, 생각에 관여하는 뉴런들의 반응은 이미 OX에 길들여져 있기 때문이다.

그래서 생각을 내버려두면 매사를 문제로 보고 그 해답을 찾는 쪽으로 흘러가게 되는 것이다. 여기서 의식이 폐쇄되고 자기만의 세계에 갇히게 된다.

따라서 진정으로 원하는 삶을 살기 위해서는 먼저 매일매일 만들고 싶은 영화가 무엇인지 그리는 것이 중요하다.

바로 **원력에 의한 삶**에 익숙해지는 것이다.

원력이 없으면 내 멋대로 살 수 없다.

혹자는 반문할 수도 있다. 세상사도 복잡한데 무슨 원력까지 세우며 사냐고….

그런데 원력을 세우는 일은 단순히 내 멋대로 살기 위한 것만은 아니다.

이것은 **생존의 필수**기도 하다.

현대 사회는 놀랄 만큼 빠른 속도로 변하고 있다. 이런 무한 경쟁의 세상에서 살아남기 위해서는 남다른 능력이 구비되어야 한다.

능력은 '나' 위주로 봐서는 한계가 있다.

우물 안에 갇혀 온갖 아이디어를 짜낸다면 어떻겠는가?

따라서 능력을 갖추기 위해서는 과감히 우물 밖으로 눈을 돌려야 한다. 바로 **관계를 살펴 그림으로 보는 것**이다.

여기서 전체의 구조가 파악되면서 **있는 그대로의 사실**을 직시하게 되고 아울러 기발한 아이디어를 생각해 낼 수 있게 된다.

이것을 이루기 위해서는 **'나'** 위주로 사고해서는 곤란하다. **'관계'** 로써 사고해야만 구조가 보이고 **창의적 생각**이 떠오른다. 또한 **원만한 대인관계**를 이룸으로써 처세가 저절로 이루어진다.

이렇게 되면 자기만의 독특한 가치를 창조하면서, 어느 분야에서 든지 리더가 되어 삶을 재미있고 가치 있게 할 것이다.

김연아 선수가 동계올림픽에 출전했을 때 금메달이라는 결과에 집착했다면 결코 그와 같은 아름다운 동작을 선보일 수 없었을 것이다. 그녀는 경기의 결과를 잊고 자신이 진정으로 원하는 아름다움을 관객과 함께 어우러져 표출했다. 이것이 김연아 선수가 보여준 원력이었고, 그 결과 전 세계 사람들의 감동을 끌어 낼 수 있었다.

원력을 세워 내 멋대로 사는 삶, 그것은 재미있는 삶이면서 동시에 가치 **창조의 필수 요소**이기도 하다.

내 멋대로 사는 삶만큼 가치 있는 삶이 있을까?

인생이란 어찌 보면 외줄을 타고 강을 건너는 것과 같을 것이다.

사람들은 외줄에 의지하여 조금씩 목적지를 향해 나아가고 있지만 늘 불안감을 떨쳐버릴 수가 없다.

시시각각 불어오는 바람과 출렁대는 외줄. 이런 위태로운 상황 속에서 한눈팔았다가는 언제 손이 풀리고 발이 미끄러져 천길 강 속으로 떨어질지 모르기 때문이다.

그래서 늘 정신을 바짝 차리고 외줄을 움켜쥐고 있다. 이것을
해야지 저것을 해야지 하며 강박관념에 사로잡혀 있는 것이다.

이렇게 생존에 몸부림치며 사는 사람들에게 여유를 가지고
인생을 내 멋대로 살라고 하면 어떻겠는가!

그들은 분명 이렇게 반문할 것이다. 그것은 케이블카를 타고
강을 건너는 부귀한 사람들에게만 국한된 것이라고….

하지만 사실상 **그들에게도 케이블카는 없다.** 그저 그들이 매달려
있는 외줄이 좀 더 화려하게 보일 뿐이다. 부귀한 사람들 역시
외줄에 매달려 있기는 마찬가지이고, 그렇기에 매 순간 불안감을
떨쳐버릴 수가 없다.

이렇듯 빈부귀천에 관계 없이 모든 사람들은 외줄에 매달려
힘겨운 인생살이를 하고 있다.
하지만 보는 생각의 틀을 조금만 바꾸면 상황은 180도 달라지게
된다. 생명을 건 사투에서 **즐거운 창조 활동**으로 바뀌는 것이다.

어떻게 이런 일이 가능할까?

그것은 자신의 몸에 안전장치가 이중 삼중으로 설치되어 있다는 사실을 깨닫는 데에 있다.

이렇게 되면 외줄은 더 이상 고난의 인생길이 아니다. 여유롭게 주변 경관을 감상할 수 있고, 그 속에서 자신이 원하는 그림을 선택·창조할 수 있게 된다.

그렇다면 안전장치가 있다는 사실을 어떻게 알 수 있을까?

사실 안전장치는 원래부터 변함없이 제자리에 있었다. 다만 사람들이 그것이 있다는 사실을 까맣게 잊고 있었던 것뿐이다. 영화 속의 주인공이 되어 살아가기에 주변을 살필 눈이 없었던 것이다.

주인공에서 한 발 물러나 원력을 통해 관객, 나아가 감독이 되는 순간, 생각의 틀이 바뀌면서 자신의 몸을 든든하게 지탱해주고 있는 안전장치를 보게 될 것이다. 관계망이 형성되면 여러 줄이 한꺼번에 생겨남으로써 이중 삼중, 그 이상의 안전장치가 따라붙게 되는 까닭이다.

이렇게 되면 인생은 더 이상 문제와 씨름하는 고난의 행군이 아닌, 창조를 향해 퍼즐을 하나 둘씩 맞춰 나가는 즐거운 여정이 된다.

원력!

　그것은 당신의 외줄 인생을 송두리째 바꿔 안전하고 여유로운, 그러면서도 다채롭고 창조적인 삶으로 인도할 것이다.

　자, 이제 매일매일 다음을 체크해보자.

　만족할 만한 점수가 나온다면, 이제 당신은 대자유인이다.

　당신 멋대로 살아도 어디에도 걸리지 않을 것이다.

　왜냐?

　당신은 진정으로 당신이 원하는 바의 원력을 지녔기 때문이다.

　'나'가 아닌 '원력'을 중심으로 보고 듣고 행동할 줄 아는 당신,

이제는 정녕 내 멋대로 살 수 있겠는가?

원력 체크리스트

하루를 원력을 중심으로 살았는가?

아니면 과력을 중심으로 살았는가를 체크해보자.

아침에 일어나서 감독 입장에서 오늘 하루의 일을 영화로 만들고, 저녁에 자기 전에 관객이 되어서 그 영화를 되돌아본다.

그러면서 다음의 체크를 통해 하루의 영화를 점검해보자.

매일매일 체크하다 보면 원력 중심의 생활이 점점 커지게 될 것이다.

이렇게 되면 네 가지 걸림(四碍)을 **안고 가게** 되어, 하고 싶은 것을 마음껏 하면서 자유롭고 재미있게 살 수 있게 될 것이다.

1. 어떤 것을 문제로 보고 그것을 해결하기 위해서 행동했는가?

2. '이것 안 하면 큰일 나지' 하며 자신을 채찍질했는가?

3. 주변의 일에 줏대 없이 끌려서 행동했는가?

4. 감동 내지 감사하는 시간이 있었는가?

5. 남의 이야기를 들을 때 자신의 의견을 금방 제시했는가?

6. 내 역량 밖의 일을 가지고 상심하며 시간을 보냈는가?

7. 하는 일에 집중하는 대신 나에게 돌아오는 득실을 따졌는가?

8. 나에 대한 부정 혹은 긍정적 의견에 집착해서 생각을 엮어 나갔는가?

9. '그럴 수도 있지' 하며 원만히 일을 마무리 지었는가?

10. 사소한 일이라고 무시하지는 않았는가?

11. 남이 나를 알아주지 않았다고 상심하지는 않았는가?

12. 내뜻대로 되지 않았다고 화를 내지는 않았는가?

13. 토론 시에 발생한 의견 대립을 자신의 인신공격으로 간주하지 않았는가?

14. 뜻밖의 행운을 기대하지 않았는가?

15. 남을 지나치게 부러워하지 않았는가?

16. 남의 기쁜 일에 대해 진심으로 축하해주었는가?

17. 이야기를 들으면서 그것을 그림(영상)으로 생각했는가?

18. 지금 내가 하는 일이 내가 하고자 하는 일과 그림으로 연결되는가?

창조적 삶에 대하여

사람은 누구나 '행복한 삶'을 갈망한다. 그러나 이 희망을 실현하기 위해서 응당 무엇을, 언제, 왜, 어떻게 해야 하는지를 본인의 능력으로 결정해 나가는 숙명적인 짐을 지게 된다. 인생은 바로 이러한 일련의 문제를 해결해 가는 의사 결정 과정이다.

그런데 이 과정에서 노력의 대가로 얻어지는 결과는 사람마다 천차만별 달라지고, 행복과 삶의 질에도 차이가 생기게 된다. 그 이유는 무엇일까? 사물을 꿰뚫어보는 인간의 지혜, 다시 말해 새로운 사고의 구조에 따라 삶의 결과가 달라지기 때문이다.

상식적으로 생각해보자. 어떤 문제를 해결하려면 먼저 그 문제를 일으킨 직접적인 요인(limiting factor)을 규정하고 그 본질이 무엇인지 정확하게 판단해야 한다. 그리고 그 요인을 제거하거나 고치는 데 가장 효과적이고 효율적인 대안들을 찾아야 한다.

여기에 필요한 사고능력은 바로 지혜이며 창의력이다. 사고의 구조를 바꾸지 않고 기존의 지식에만 의존하는 사람은 판에 박힌 요인에 휘둘리기 쉽다. 그래서 본질적인 요인을 찾지 못하고 헤매다가 대부분 당면 문제를 해결하기는 커녕 오히려 다른 부수적인 문제를 유발하기 십상이다.

그렇다면 고정된 사고의 틀을 어떻게 바꿀 수 있을까?

김오회 교수의 저서 《내 멋대로 살고 싶다》는 문제를 구조적으로
접근해 그것이 발생되는 원인을 심층적으로 밝히고 있다. 그리고 문제를
근원적으로 해결할 수 있는 해법을 찾아 본서에 수록했다. 그것은
바로 문제를 문제로 보지 않고 안고 가는 창조적 사고에 있다. 이것을
이룸으로써 되풀이되는 문제구조에서 벗어나 창조적 삶을 영위할 수
있게 하는 것이다.

김오회 교수는 널리 알려진 저명한 재미 수학자이자 창조적 사고력
개발의 선구자다. 그는 지난 수십 년 동안 유수한 기업의 경영자들을
대상으로 컨설팅과 소정의 교육을 통해 창조 경영기법을 전수하는 데
진력해 왔다.

이 책은 김교수가 그 동안 개발한 이론과 실무에서 얻은 많은 경험을
바탕으로 쓰여진 역저다. 김교수 특유의 간단명료한 글솜씨와 멋있게
배치된 그림들이 독자의 흥미를 고조시키기에 충분하다.

김기영
현 광운대학교 총장, 대한민국 학술원 회원
전 연세대학교 부총장

창조 문화에 대하여

논어에 보면 다음과 같은 말이 나온다.

지지불여호지(知之不如好之), 호지불여락지(好之不如樂之)

'안다는 것은 좋아한다는 것보다 못하고, 좋아한다는 것은 즐기는 것만 못하다'라는 뜻이다.

인생은 모름지기 재미있는 일을 흠뻑 즐겨야 보람 있는 인생이 된다는 뜻일 것이다. 하지만 대다수의 사람들은 재미있는 것이 무엇인지 모른다. 대체로 고통스러울 뿐이며 그래서 고해(苦海)라는 말도 있게 된다.

사람들이 재미를 잘 느끼지 못하는 이유는 정말로 재미가 없어서가 아니다. 그건 재미를 얻는 방법, 즉 즐기는 삶의 구조를 근본적으로 모르기 때문이다.

재미는 잠재된 능력을 일깨우며, 희망의 에너지를 일으켜 창조의 원동력이 된다. 재미는 한마디로 삶을 가치 있고 윤택하게 만드는 핵심 키워드이다. 그런 재미를 어떻게 얻을 수 있는지를 이 책은 심층적으로 소개하고 있다.

　만일 본서를 통해 재미를 흠뻑 누리며 사는 사람들이 많아진다면 이것은 사회 전반에 걸쳐 큰 변화의 바람을 일게 할 것이다.

　그것은 바로 창조 문화이다. 창조란 그 구조가 재미를 동력으로 삼아 가치 있는 쪽으로 변하는 성질이 있기 때문이다. 그래서 재미있는 삶은 창조적 삶으로 이어지고 이것은 우리 사회 전반에 걸쳐 창조 문화의 꽃을 만개하는 동인이 되어 줄 것이다.

　이렇게 거창한 바람이 아니더라도 본서를 정독하고 소정의 훈련을 거친다면 인생의 재미가 부쩍 늘어날 것으로 기대한다.

유장희

현 동반성장위원회 위원장, 대한민국 학술원 회원, BBB코리아 회장

전 포스코 이사장, 전 이화대학교 부총장

내 멋대로 살고 싶다

초판 1쇄 2013년 7월 15일

지은이 김오회
펴낸이 성철환   **담당PD** 이경주   **펴낸곳** 매경출판㈜
등 록 2003년 4월 24일(No. 2 - 3759)
주 소 우)100 - 728 서울 중구 필동1가 30번지 매경미디어센터 9층
홈페이지 www.mkbook.co.kr
전 화 02)2000 - 2610(편집팀) 02)2000 - 2636(영업팀)
팩 스 02)2000 - 2609   **이메일** publish@mk.co.kr
인쇄 · 제본 ㈜M - print   031)8071 - 0961

ISBN 979-11-5542-019-5
값 12,000원